o Poder
da DECISÃO

Dados Internacionais de Catalogação na Publicação (CIP)
(Câmara Brasileira do Livro, SP, Brasil)

Grün, Anselm
O poder da decisão : na vida, nos relacionamentos, no trabalho e no cotidiano / Anselm Grün ; tradução de Monika Müller. – Petrópolis, RJ : Vozes, 2014.

Título original: Was will ich? Mut zur Entscheidung
Bibliografia
ISBN 978-85-326-4770-2

1. Escolha (Psicologia) – Aspectos religiosos – Cristianismo 2. Relações interpessoais – Aspectos religiosos – Cristianismo 3. Tomada de decisão – Aspectos religiosos – Cristianismo 4. Vida cristã
I. Título.

14-01466 CDD-248.4

Índices para catálogo sistemático:
1. Tomada de decisão : Vida cristã : Cristianismo 248.4

ANSELM GRÜN

O Poder da DECISÃO

NA VIDA, NOS RELACIONAMENTOS, NO TRABALHO E NO COTIDIANO

Tradução de Monika Müller

EDITORA VOZES

Petrópolis

© by Vier-Türme GmbH, Verlag, D-97359 Münsterschwarzach Abtei

Título original alemão: *Was will ich? Mut zur Entscheidung*

Direitos de publicação em língua portuguesa – Brasil:
2014, Editora Vozes Ltda.
Rua Frei Luís, 100
25689-900 Petrópolis, RJ
Internet: http://www.vozes.com.br
Brasil

Todos os direitos reservados. Nenhuma parte desta obra poderá ser reproduzida ou transmitida por qualquer forma e/ou quaisquer meios (eletrônico ou mecânico, incluindo fotocópia e gravação) ou arquivada em qualquer sistema ou banco de dados sem permissão escrita da editora.

Diretor editorial
Frei Antônio Moser

Editores
Aline dos Santos Carneiro
José Maria da Silva
Lídio Peretti
Marilac Loraine Oleniki

Secretário executivo
João Batista Kreuch

Editoração: Maria da Conceição B. de Sousa
Diagramação: Sandra Bretz
Capa: Idée Arte e Comunicação
Imagem de capa: Rua decorada com guarda-chuvas coloridos em Antalya, Turquia. © susico | Shutterstock

ISBN 978-85-326-4770-2 (edição brasileira)
ISBN 978-3-89680-520-1 (edição alemã)

Editado conforme o novo acordo ortográfico.

Este livro foi composto e impresso pela Editora Vozes Ltda.

Sumário

Introdução – Escolhe, pois, a vida, 7

1. A decisão no Evangelho de Lucas, 11
2. O ser humano é decisão, 27
3. Obstáculos para tomar decisões, 35
4. Ajudas para tomar decisões, 49
   Posturas, 50
   A decisão e a oração, 55
   Caminhos de exercícios concretos, 64
5. Decisão e responsabilidade, 73
6. Decisão e ritual, 79
7. As diversas espécies de decisão, 85
   Decisões vitais, 85
   Decisões no relacionamento, 91
   Decisões no trabalho, 96
   Decisões no cotidiano, 100
   A decisão pela vida, 105
   Decisões em conjunto, 114
   Decisões morais, 119

Pensamentos finais – Diariamente temos que nos decidir, 125
Orações – Orações para tomar decisões/Orações diante de decisões, 129
Referências, 171

Introdução
Escolhe, pois, a vida

Durante meus seminários com executivos é comum os participantes perguntarem como podem aprender a tomar boas decisões. Muitos deles, na maior parte do tempo, sentem-se pressionados pela obrigação de decidir. E essa pressão os desgasta, consumindo sua energia.

Há também muitas outras pessoas com dificuldade para tomar decisões. Elas precisam de tempo para decidir e gostariam de sempre tomar a decisão certa. Assim, ficam em dúvida questionando-se a respeito do que seria a melhor escolha. Essas pessoas buscam caminhos práticos que tornem mais fácil o processo de decidir e escolher de forma correta e boa. Querem saber, sobretudo, como se reconhece a decisão mais adequada e se existem exercícios para aprender a decidir em um sentido adequado, quando vários motivos e argumentos diferentes apontam com a mesma intensidade para várias direções.

A questão da "decisão", no entanto, não diz respeito somente a planos concretos que devemos elaborar em nossa profissão e em nossa trajetória de vida. Temos que escolher, constantemente, entre nos tornarmos vítima ou assumir a direção da nossa vida. Podemos optar pela lamentação ou pela mudança, pela frustração ou pela tranquilidade interior, pela infelicidade ou pela felicidade.

Muitos dos livros que surgem no mercado atualmente podem dar a impressão de que tudo está ao nosso alcance e que, através de nossas decisões por meio de bons pensamentos, poderíamos "nos reinventar". Isto é exagero, apesar de conter um quê de verdade, pois também somos responsáveis pela maneira com que reagimos ao que nos acontece.

Decidir a favor ou contra a vida também está em nossas mãos. Foi assim que Deus colocou os israelitas diante da decisão entre vida e morte: "Te propus a vida e a morte, a bênção e a maldição. Escolhe, pois, a vida para que vivas" (Dt 30,19).

A escolha da vida não é uma decisão fundamental que fazemos somente uma vez. A cada momento somos exigidos a nos decidir por ela. Em termos religiosos isto significa decidir-se, a cada momento, por Deus, por uma vida que corresponda à vontade divina.

Há as grandes decisões de vida. Por exemplo, quando a questão se coloca sobre casar ou não, seguir uma profissão ou outra, trocar de emprego ou mudar de residência, permanecer no casamento ou divorciar-se. Mas também há as decisões cotidianas: se vou comprar isso ou aquilo, se vou para lá ou acolá, se começo a fazer isso ou aquilo, como reajo às solicitações das crianças, se concordo ou não. Constantemente estamos diante de situações de decisão. Muitas vezes as tomamos sem muito pensar. No entanto, vale observar as nossas escolhas e procurar caminhos para que tanto as decisões menores quanto as maiores sejam tomadas de maneira que fiquemos em harmonia conosco mesmos.

Portanto, neste livro eu gostaria de apresentar alguns pensamentos sobre o tema "decisão e processo decisório". Como sempre, em primeiro lugar, pergunto à Bíblia quais as respostas que ela dá ao assunto para, em um segundo momento, apresentar algumas sugestões do ponto de vista da espiritualidade e da psicologia. Escrevo o livro para as pessoas que me relataram suas dificuldades para tomar decisões.

São os pensamentos e perguntas dessas pessoas que tenho em mente ao escrever.

Algumas delas, talvez, gostariam de envolver Deus e o Espírito Santo em suas decisões, porém faltam-lhes as palavras adequadas para isso. Assim, no final do livro, constam algumas orações que formulei para os diversos aspectos do tema e que podem servir como sugestão e ajuda.

Caros leitores e leitoras, desejo e espero que possam encontrar inspirações neste livro que os ajudem concretamente em suas decisões.

1

A decisão no Evangelho de Lucas

O Evangelista Lucas escreve o seu Evangelho embasado na filosofia e na mitologia gregas.

Para os gregos o tema "decisão" era um tema central. Por exemplo, a lenda de Hércules fala de "Hércules na encruzilhada". Nessa lenda Hércules deve decidir-se entre a sensualidade e o prazer, por um lado, e a virtude (*arete*), por outro.

Através desta lenda os gregos transmitem que cada um é confrontado com a decisão de optar pelo caminho fácil ou difícil, pelo caminho do prazer superficial ou pelo caminho da virtude, de uma vida bem-sucedida. E tanto o êxito quanto o insucesso da vida estão em nossas mãos. Isto significa que devemos escolher entre o caminho que pode levar ao precipício e o caminho que promete a vida verdadeira.

Para os gregos, o bom caminho quer dizer a virtude, o caminho que corresponde aos deuses. A mulher que representa a virtude para Hércules não lhe promete uma vida fácil: "Saiba, portanto, que, de tudo que é bom e desejável, os deuses nada concedem aos homens sem trabalho e esforço" (apud WICKERT, 1995: 65).

Assim, Lucas retomou o pensamento grego sobre a decisão e a escolha, desenvolvendo-o em várias passagens de seu Evangelho. Os outros evangelistas também mostram como Jesus colocou as pessoas diante de decisões entre a vida e a morte, entre a fé e a descrença. No entanto, Lucas coloca o tema "decisão" bem no centro. Assim, limito-me aqui ao Evangelho segundo Lucas para buscar as respostas da Bíblia a respeito de decisões bem-sucedidas.

Bem no início de seu Evangelho Lucas nos apresenta as duas possibilidades de reação às mensagens do anjo: Podemos duvidar como Zacarias ou confiar como Maria. Podemos nos esquivar da decisão com argumentos racionais, como Zacarias, ou podemos ouvir os impulsos internos que o anjo nos sugere, como Maria.

Se nos decidirmos com Maria a ouvir esses impulsos internos, a aceitarmos a mensagem divina, também Deus nascerá em nós e entraremos em contato com a nossa imagem original e verdadeira que Deus fez de nós.

O velho Simeão profetizou que o Menino Jesus seria um sinal que obrigaria os homens a se decidirem: "Este Menino está destinado a ser ocasião de queda e elevação de muitos em Israel e sinal de contradição" (Lc 2,34). Diante de Jesus os espíritos se dividem. Não é possível ficar indeciso diante dele. Ele sempre exige uma decisão. Assim, não é possível observar Jesus confortavelmente acomodado numa poltrona e seguir com a nossa vida como antes. Se lermos as palavras de Jesus, elas nos convidam a romper com a vida que levamos inconscientemente e a viver consciente e determinadamente, a optarmos pela vida e pelo amor. Nesse sentido, decidir tem a ver com acordar do sono em que nos refugiamos.

Até Jesus é tentado por satanás para escolher entre si mesmo, e a sua fama, e a vontade de Deus (cf. Lc 4,1-13). Também nós, como Jesus, somos tentados a nos colocar no centro, aproveitando tudo a nosso favor. Significa que, a cada momento, é necessário optar por servir a Deus, e não ao nosso próprio ego.

Já em seu primeiro sermão na sinagoga de Nazaré Jesus confronta os ouvintes com a opção de segui-lo ou rejeitá-lo (cf. Lc 4,16-30). A primeira reação dos ouvintes foi de entusiasmo. Mas quando Jesus os coloca diante da decisão este entusiasmo transforma-se em rejeição. Eu estou familiarizado com esta tentação: eu gostaria de ter a fama de uma pessoa reconhecida. Mas, no momento em que ela exige uma decisão, eu me esquivo. Jesus me coloca diante dessa escolha. Não posso simplesmente meditar sobre Ele de forma piedosa. Devo decidir-me entre segui-lo ou continuar no meu próprio caminho.

O tema da decisão fica evidente sobretudo nas bem-aventuranças e reprimendas (cf. Lc 6,20-26). Mateus descreveu as oito bem-aventuranças como um caminho para a sabedoria; Jesus aponta oito caminhos para o êxito na vida.

Em Lucas, Jesus não elabora uma doutrina para a sabedoria, mas dirige-se diretamente ao ouvinte. Lá não está escrito: "Felizes os pobres de espírito", mas: "Felizes vós, os pobres". Ele se dirige aos pobres, famintos e excluídos pela sociedade, prometendo-lhes bem-estar. Ele lhes afirma: Tua vida pode mudar. A felicidade é possível para ti também. Depende de ti como lidas com a tua pobreza, o teu choro e a tua fome. Jesus dá ânimo aos excluídos dizendo que Deus vela por eles e que, ao confiarem nele, experimentarão a felicidade em meio ao ódio dos homens.

Poderíamos entender estas bem-aventuranças de outra maneira também. Poder-se-ia dizer: Jesus convida os diferentes grupos de pessoas a se decidirem pela vida. Independentemente da situação em que se encontram, elas podem optar pela bem-aventurança, pela felicidade, ou, então, pela infelicidade, pela lamentação.

Os pobres não têm culpa por estarem na pobreza. Mas eles podem lamentar e queixar-se ou, então, decidir-se pelo Reino de Deus. Eles podem reagir à pobreza – aceitando-a e permitindo que ela os conduza a Deus. Pois se Deus estiver com eles a sua pobreza exterior transformar-se-á em riqueza interior.

Infelizmente, hoje em dia, as palavras de Jesus são empregadas de modo diferente em determinados meios cristãos. Principalmente por parte dos pentecostais norte-americanos, os pobres são "inculpados" de se deixarem dominar por um demônio da pobreza, que seria expulso pela fé. E então os pobres se tornariam ricos em dinheiro e bens. Neste entendimento, a fé parece ser um caminho para riqueza externa. Jesus tem outro entendimento sobre isso. O pobre, muitas vezes, não pode reverter sua pobreza externa; no entanto, ele pode escolher procurar Deus em seu coração. Deus é o verdadeiro tesouro. Então, deixa de ser importante o quanto eu possuo.

Aos que têm fome Jesus diz: "Vós sereis saciados", o que não é somente uma promessa. Jesus exorta os famintos a procurarem aquilo que realmente os sacia. Mesmo estando faminto fisicamente posso ser alimentado espiritualmente, uma vez que não dependo somente de fatores externos. Hoje em dia muitos estagnaram na postura de expectativa, na esperança de serem saciados por outros. Porém, aquilo que nos é dado pelos outros jamais preencherá o nosso vazio interior.

Precisamos de outro alimento que nos satisfaça realmente. Jesus fala da Palavra que vem de Deus, que nos alimenta mais do que o pão. Ao deixarmos penetrar a Palavra de Deus em nosso coração, nossa alma se sacia.

Nosso anseio mais profundo é tocado e preenchido pela Palavra de Deus. A fome verdadeira é aquela por amor e dedicação, por aceitação e paz interior. E essa fome não pode ser aplacada por pão, e sim pela palavra que me promete ser amado incondicionalmente.

De forma idêntica acontece com os que choram. Se Deus lhes promete que serão felizes, não se trata somente de uma promessa, é um convite ao mesmo tempo. Pois tu podes optar também pela alegria. Quer dizer que tu podes ficar preso na lamentação ou tentar ver aquilo que te deixa triste de uma forma diferente. Às vezes essa tristeza pode expressar a incapacidade de aceitarmos os nossos desejos não realizados. Jesus exorta os chorosos a analisarem os seus desejos e suas ilusões.

Não somos somente vítimas quando alguém nos fere e magoa; podemos deixar que aquilo que fere fique com o outro.

Podemos rir daquele que nos magoa; não o ridicularizamos, mas nos distanciamos de seu tom ofensivo através do riso.

De certo modo, vale o princípio de que temos possibilidade de nos decidir pela alegria em qualquer situação. O que não quer dizer que devamos suprimir os sentimentos negativos, mas que podemos relativizá-los.

Certas pessoas escolheram lamentar-se e acabam girando em torno de si mesmas num sentimento de autopiedade. Elas acreditam que os outros são culpados pelo seu infortúnio. Jesus olha para essas pessoas e pede que elas se decidam por um outro caminho, o caminho da alegria. Afastando-me das palavras que magoam, que me fazem chorar, para depois retornar ao meu coração, é lá que vou encontrar uma fonte de alegria. Minha disposição não depende somente dos outros. Eu sou responsável pelos sentimentos que permito que me influenciem. O que não quer dizer que eu deva ficar sob pressão e tentar suprimir os sentimentos negativos como se precisasse estar sempre de bom humor, mas eu devo analisar toda a minha tristeza e o meu choro para verificar se, em última análise, a causa não vem de necessidades infantis ou ilusões que eu possa ter a respeito da vida.

O quarto grupo ao qual Jesus se dirige são os odiados e insultados pelos homens, os excluídos pela sociedade. Podemos dizer: aqueles que são intimidados e desprezados pelos outros. Jesus exorta-os a se alegrarem.

Tal exigência parece demasiada. No entanto, ao ser desprezado devo ter em mente que são os outros que estão projetando os seus problemas em mim. Por um lado, devo libertar-me de suas projeções e, de outro, posso permitir ser dirigido por Deus. Pois o solo em que edifico a minha vida não é a aquiescência das pessoas e, sim, o amor de Deus. Reagindo dessa maneira ao desprezo dos outros, ele acaba perdendo o poder sobre mim.

Portanto, depende de mim a decisão sobre como reagir contra o que me exclui da sociedade e me persegue. Ao ser intimidado posso imergir em autopiedade ou eu posso aproveitar a oportunidade como desafio para crescer interiormente. Então adquiro uma posição firme em que posso observar o que os outros me fazem, sem ser derrubado.

Aos excluídos da sociedade Jesus promete grande recompensa no céu. Isto soa a falsa ilusão. E, na verdade, significa que, se estivermos sendo perseguidos, temos a oportunidade de encontrar o espaço do céu em nós. A perseguição obriga-nos a encontrar um local de refúgio em nosso interior.

Aos pobres, famintos, aos que choram e são insultados, Jesus mostra caminhos para poderem optar pela bem-aventurança, pela felicidade e pela alegria. Nas quatro reprimendas que se seguem às bem-aventuranças Jesus se dirige aos ricos, aos saciados, aos alegres e aos louvados pelos homens. Ele os trata usando o pronome "tu" e alerta: A tua riqueza pode ser destruída, o teu sorriso pode transformar-se em choro e a tua saciedade pode tornar-se fome. Cuida para não te sentires seguro demais. A tua vida pode vir a ser o oposto. Nada que agora tens é seguro. Tu não podes descansar na tua situação atual. Por isso, decide-te pela vida.

Aos ricos Ele diz: Se te defines somente a partir da tua riqueza, então não tens mais consolo, mas perdes a tua segurança. Pois nada tens com que possas realmente contar.

Portanto, decide-te pela riqueza interior. Aos saciados Ele diz: Se tu abarrotas a tua fome interior com comida e bebida, interiormente só terás mais fome. Portanto, decide-te pelo que te alimenta realmente. Lembra-te, também, que a saciedade resulta em cansaço e indolência e que, na saciedade, vives à margem da vida. Decide-te pela vida, caso contrário, serás consumido pelo teu vazio interior.

Aos sorridentes Ele diz: Cuidai para que vosso riso não se vire contra vós, sendo vós os ridicularizados. Jesus remete as pessoas para as consequências de suas ações. Não é pressuposto que os fanfarrões irão rir para sempre, eles irão chorar, se não se decidirem pela vida.

Àqueles que confiam no elogio dos homens Jesus mostra quão frágil é o fundamento do elogio. Em nossa sociedade podemos observar, diariamente, como pessoas são extremamente elogiadas pela mídia para serem condenadas ao inferno pouco tempo depois.

Tudo aquilo com que contamos em nossa vida – riqueza, abundância, riso e fama – são coisas frágeis. E como nada é garantido, deveríamos optar por um fundamento sólido. Então, constantemente, é necessário decidir-se pela vida. Aquele que se decide pela vida é como o homem sábio que edifica a sua casa sobre a rocha. Pois, quando as ilusões se desfizerem, a casa dele não será destruída. Ela está construída em fundamento firme, em última análise, em Deus. O homem sábio, além de ouvir as palavras de Jesus, também as pôs em prática. Ele decidiu viver de acordo com o que Jesus lhe disse. E esta decisão oferece um fundamento para edificar a casa da sua vida de tal forma que não será destruída por crises, por ventanias, por ataques externos, por rejeição ou condenação.

Com estas quatro bem-aventuranças e as quatro reprimendas Lucas quer dizer: Tu deves decidir se queres ser bem-aventurado e feliz ou se queres te prejudicar. Ele diz ainda: Independentemente da situação em que te encontras – na pobreza ou na riqueza – não te vanglories. Em qualquer situação, o que importa é decidir-se por Deus. Somente então a tua vida será bem-sucedida. Não descansa nem na tua riqueza nem na tua religiosidade, mas decide-te por Deus a cada momento. E escolhe o caminho que, realmente, te leva para a vida.

Poderíamos entender as palavras do discurso no campo em Lucas como um convite para a opção pela vida: "A vós que me escutais digo: amai os vossos inimigos, fazei bem aos que vos odeiam. Falai bem dos que vos maldizem e orai por quem vos calunia" (Lc 6,27s.). A inimizade resulta sempre de projeção. Alguém projeta algo em mim que ele não consegue aceitar em si. Mas a decisão de como vou reagir a isto é minha: Se aceito a inimizade, para depois lutar contra o inimigo, ou se entendo a projeção, distanciando-me dela e percebendo ali uma pessoa carente e medrosa que projeta o seu medo em mim.

Eu escolho uma maneira de ver bem determinada. É a visão amorosa que vê no inimigo a pessoa que almeja amor. O amor é uma reação ativa. Se eu reagir à inimizade com inimizade, fico preso na passividade e permito que o inimigo force a minha reação.

Jesus nos mostra três maneiras de reagir ativamente à inimizade de outra pessoa. Em cada uma das três reações está a decisão de deixar o papel de vítima para nos tornarmos agentes numa situação em que entramos passivamente, mas que podemos transformar de forma ativa.

Para Jesus, a primeira reação se caracteriza por tratar bem as pessoas que me odeiam. Tratando-as bem, posso transformá-las. Ao passo que se eu as tratar mal elas se sentem confirmadas em seu ódio e maldade. Mas eu não permito que o meu modo de agir seja ditado pelo outro, muito menos pelo inimigo. Eu faço o que condiz com o meu ser.

A segunda reação é abençoar. Ao fazê-lo envio uma energia positiva àquele que me injuria, que me magoa com palavras e me lança palavras negativas. A minha bênção prova ser mais forte, protege-me da energia negativa do outro e possibilita-me encontrar o outro de uma forma nova.

A decisão de abençoar me faz bem. É a minha opção pela vida. Em meus cursos frequentemente faço o exercício com os participantes em que eles irão abençoar, exatamente, a pessoa com a qual têm dificuldades. Uma senhora contou-me que ela se sentiu bem durante o exercício e que ela vivenciou a bênção como um escudo que a protegia das emoções negativas do outro. E ainda, que ela não teria ficado no papel passivo, sentindo a bênção como uma energia ativa mais forte do que a sensação negativa que vinha em sua direção.

A terceira reação contra a inimizade é rezar pelas pessoas que me maltratam. Ao rezar por elas eu me decido por uma reação ativa. Eu não fico no papel de vítima; eu me torno ativo e rezo. Na oração dirijo-me a Deus, mas também rezo pelas pessoas. Eu dirijo-me às pessoas de uma forma positiva. Eu peço por elas para que encontrem a sua paz interior. E, ao rezar, a minha maneira de ver as coisas se modifica. Na oração tento colocar-me na posição do outro. Do que ele necessita? O que ele almeja? E, assim, eu rezo para que Deus lhe dê aquilo que ele almeja e de que necessita para viver em paz consigo.

Jesus nos convida a escolher o nosso caminho pessoal. Não basta fazer o que os demais fazem; nadar somente segundo a corrente, como os demais. É o que Jesus exprime através da imagem da porta estreita: "Esforçai-vos para entrar pela porta estreita, porque eu vos digo que muitos tentarão entrar e não conseguirão" (Lc 13,24).

A porta estreita é a porta que devo atravessar para seguir o caminho que Deus pensou para mim, no qual a minha vida se torna mais harmoniosa. Então, é necessária uma decisão para que eu viva realmente a minha vida e siga o meu caminho que me leva à vida plena, para a liberdade e para a amplidão em que a minha vida é frutífera, inclusive para os outros.

Jesus dirige-se às pessoas que acreditam estar vivendo religiosamente, pois haviam comido e bebido com Ele. Jesus lhes diz: "Afastai-vos de mim todos vós que praticais a injustiça" (Lc 13,27).

Quem não procura o caminho único e individual que lhe foi atribuído por Deus, aquele age mal, vivendo sem conexão com a essência de seu ser. Externamente ele age de forma religiosa – vai à igreja –, mas, na verdade, não conhece Jesus. É nesta palavra que Lucas se mostra também como o evangelista da decisão.

Jesus nos mostra como tomar uma decisão através da comparação com a construção da torre: "Quem de vós, ao construir uma torre, não senta primeiro e calcula os gastos para ver bem com que terminá-la? Do contrário, depois que tiver lançado os alicerces e não puder acabá-la, todos o verão e começarão a zombar, dizendo: 'Este homem começou a construir e não pôde acabar'" (Lc 14,28-30).

Antes de decidirmos construir uma torre temos que pensar se temos os meios suficientes. E esta imagem da torre vale para todas as decisões. Antes de assumirmos uma profissão devemos analisar se realmente temos as capacidades para tanto. Antes de tomarmos uma decisão sobre a nossa vida devemos parar e pensar se aquilo nos fará felizes. Deveríamos nos questionar se a perspectiva é realista ou do nosso imaginário, se não estamos seguindo uma ilusão.

A torre também é símbolo para a nossa autoimagem. As nossas decisões devem estar em consonância com a nossa autoimagem. Eis um exemplo: Uma senhora tinha sentimentos de inferioridade e estava fazendo terapia. O seu terapeuta encorajou-a a ter mais confiança. Então, ela começou a gritar com os seus colegas de trabalho e externava todas as agressões que havia recalcado por anos. Mas quando estava só em sua casa, aquele sentimento de autoestima, construído a custo, desabava e ela se sentia mal. Ela havia planejado uma torre sem dispor dos meios. Ela optou por um modo de agir que não correspondia à sua autoimagem e acabou se prejudicando. A nossa decisão deve estar dentro dos limites de nossa condição e capacidade.

Nossos potenciais, com que podemos contar para construir, são a nossa história de vida, nossas capacidades e as nossas mágoas também. Isso tudo é o material que aplicamos em nossa torre. Com a decisão assumimos a responsabilidade pela nossa vida. Ao invés de acusar os outros por não termos meios suficientes, estamos dispostos a construir a torre de acordo com os meios que nos foram atribuídos e que correspondem ao nosso ser.

Jesus fala de decisões inteligentes. O homem inteligente constrói a sua casa na rocha e não na areia de suas ilusões. O administrador esperto toma a decisão melhor para o momento. Ele não tem chance de justificar-se perante o seu chefe. Então, ele aproveita a oportunidade para chamar os devedores, para livrá-los de uma grande parte de sua dívida. Com essa decisão ele angaria amigos suficientes para apoiá-lo após a sua demissão. É uma decisão numa situação difícil. Ao invés de esconder a sua cabeça na areia ele faz o que é o melhor para si mesmo (cf. Lc 16,1-8).

A inteligência é a virtude de tomar decisões boas. Não basta a piedade para decidir bem.

Segundo Tomás de Aquino, para a inteligência não interessa somente reconhecer o certo, mas que "a consciência da realidade seja transformada em resoluções inteligentes" (PIEPER, 1949: 28).

Inteligência é a capacidade de "compreender instantaneamente uma situação inesperada e decidir-se prontamente" (PIEPER, 1949: 30).

Na filosofia de Tomás de Aquino a indecisão é um sinal de falta de inteligência. O reconhecimento da situação concreta é o primeiro passo da inteligência, e o segundo é transformá-lo em ação, em decisão.

No entanto, decisões inteligentes exigem *providentia*: a previsão. Pois somente quando tenho um objetivo em mente posso tomar decisões inteligentes. E Tomás de Aquino destaca que a inteligência não é uma certeza sobre a verdade, motivo pelo qual ela não pode livrar da preocupação com as consequências da decisão (cf. PIEPER, 1949: 39). Quem quisesse ter certeza jamais chegaria a tomar uma decisão.

Para Tomás de Aquino, inteligência é exatamente o contrário de *astutia*, de esperteza, com finalidade estratégica. A inteligência escolhe o caminho que corresponde à verdade e que conduz o ser humano para a vida verdadeira. Para Josef Pieper faz parte intrínseca da decisão que "ela somente pode ser tomada pela pessoa que se encontra diante dela" (PIEPER, 1949: 60). Ao mesmo tempo, é válido dizer: Eu não decido somente a favor ou contra algo, eu sempre decido sobre mim. A decisão sempre atinge a própria pessoa que faz escolhas a favor ou contra algo.

A Bíblia muitas vezes expressa o significado de decisão com o conceito de "escolha". Já o Antigo Testamento coloca-nos diante da decisão de escolher entre a morte e a vida. No Sl 119 o orante diz: "Escolhi o caminho da verdade, pus diante de mim tuas decisões" (Sl 119,30). No Evangelho de Lucas Jesus diz sobre Maria: "Maria escolheu a melhor parte, que não lhe será tirada" (Lc 10,42). Maria tomou uma decisão, fez uma escolha. Ela decidiu-se a favor de escutar e contra outros afazeres. Marta, sua irmã, não estava muito de acordo com aquela escolha. Ela teria preferido que Maria lhe tivesse auxiliado no que seria a função normal de uma dona de casa quando chegam visitas. Mas Maria decidiu diferente, ela quis escutar primeiro o que Deus tem para lhe dizer.

Às vezes nos sentimos obrigados a fazer o que é esperado de nós. Mas muitas vezes são nossas próprias expectativas que acabamos seguindo. Em vez de seguirmos o coração estamos seguindo o que é costumeiro. Maria escolheu fazer aquilo que corresponde ainda mais à hospitalidade: escutar o que o visitante tem a dizer. Diante da solicitação de Marta de que Ele dissesse a Maria para ajudá-la, Jesus responde: "Marta, Marta, andas muito agitada e te preocupas com muitas coisas. Entretanto, uma só coisa é necessária. Maria escolheu a melhor parte, que não lhe será tirada" (Lc 10,41).

Enquanto nós nos envolvemos em muitas coisas, como Marta, e acabamos dilacerados, Maria optou pela parte boa: o uno, o tornar-se uno. Ao escutar Jesus ela tornou-se una com a palavra e consigo. Em tudo que fazemos deveríamos optar sempre pelo uno que importa, para nos tornarmos unos e entrarmos em harmonia com o nosso verdadeiro ser.

2

O ser humano é decisão

A Teologia ocupou-se com o tema da decisão principalmente nos anos de 1960. Para ela a questão principal não é sobre como tomar decisões individuais da melhor maneira.

Antes, ela se dedica à natureza do ser humano. E faz parte da natureza do ser humano que ele seja, em si mesmo, decisão. O ser humano não só se decide continuamente, ele é decisão por natureza. Ele não vive simplesmente por viver; isso seria contrário à sua natureza. Como homem, ele tem que tomar uma decisão por si e o seu ser histórico. Do contrário, ele acaba fracassando em sua condição humana.

De modo oposto à filosofia grega, em que o indivíduo é somente um exemplar da espécie humana, a tradição judaica e cristã sempre enfatizou a unicidade e historicidade de cada ser humano e, no que tange à historicidade, foi atribuída importância significativa à decisão. É que o ser humano forma a sua existência histórica através da decisão. Outro conceito central é a "liberdade". O homem é livre para decidir-se a favor ou contra Deus. E ele conquista a sua verdadeira natureza através de suas decisões.

Os teólogos Johann B. Metz e Karl Rahner apoiam-se, sobretudo, em Søren Kierkegaard, que colocou o ser humano na decisão inevitável. O homem decide sobre si em sua história, mas ele decide também a história: ele cunha a história com as suas decisões. O ser humano não está aí, de antemão, simplesmente pronto – muito antes, ele tem que tornar-se aquilo que deseja ser. De certo modo, as suas decisões é que vão determinar o seu ser. E, através das decisões tomadas no curso de sua vida, ele vai formar a sua existência histórica, única.

Ao nascer, o ser humano tem muitas possibilidades. É tarefa sua aproveitar as possibilidades pessoais e, assim, cunhar a sua existência. Ao fazer as suas escolhas, a pessoa se compromete e acaba ficando em certa dificuldade, uma vez que é necessário despedir-se de muitas possibilidades disponíveis. Mas este é o caminho para formar a sua história pessoal.

Estes pensamentos são difíceis para o homem atual, porque ele preferiria deixar todas as portas abertas. Mas a pessoa que não se decide e não assume as suas decisões ficará sem forma. E aquele que mantém todas as portas abertas, em determinado momento, estará diante de portas fechadas. A questão da capacidade de decisão de uma pessoa não diz respeito somente com sua força de vontade, mas também com sua maneira de compreender-se. É da natureza do ser humano que ele se comprometa, formando assim a sua história.

Quem não aceitar a sua história, querendo mantê-la aberta sempre, esse não crescerá, mas ficará estagnado. Ele fica indeciso, e isso, no pensar de Tomás de Aquino, opõe-se à dignidade humana. Ao casar-me – comprometo-me;

ao entrar para um convento – faço uma opção que me compromete. Evidentemente, mesmo com toda a disposição de compromisso, há a experiência da possibilidade de uma união desintegrar-se. Entretanto, um possível malogro não é argumento para não assumir compromisso.

Para a teologia, a decisão do ser humano tende para o "impermutável e irrevogável" (METZ, 1962: 284). Cabe ao homem aproveitar o *kairos*, ou seja, o momento que lhe é oferecido, "a oportunidade do momento" (METZ, 1962: 284).

E é desta maneira que o ser humano passa da dispersão para a integridade.

Mesmo assim, é possível o ser humano fracassar com a sua decisão. Ele pode perder o momento certo, o *kairos* oferecido por Deus. Nesse caso, ele vive indeciso e deixa de encontrar-se. Pois "a existência não pode permanecer sem decisão: ou a pessoa decide por si, ou será decidida por ela – condição que a deixará abaixo da dignidade de sua existência histórica" (METZ, 1962: 284s.).

Ao decidir-se, a fé é um fator importante para o ser humano. A fé é a "decisão fundamental do homem em direção a Deus" (METZ, 1962: 287). A decisão fundamental por Deus cunha todas as demais decisões tomadas ao longo da vida e, com elas, o homem vai formando a sua existência histórica.

Em meu trabalho de acompanhamento espiritual sempre encontrei pessoas que almejavam encontrar um companheiro. No entanto, ao encontrarem alguém com quem poderiam comprometer-se, foram tomadas pelo medo. Não se decidiram. Então, a vida decidiu por elas e hoje, aos 50 anos, continuam sós queixando-se por não terem encontrado alguém. Não conseguiram decidir-se, porque esperavam a solução melhor e ficaram esperando o companheiro ideal. E, de tanto esperar, acabaram por fechar as portas a uma possível união bem-sucedida.

O jesuíta e teólogo Karl Rahner meditou sobre o tema decisão, principalmente em relação à morte. O homem é um ser que tem que tomar suas decisões continuamente. Entretanto, nem sempre tomamos nossas decisões de forma totalmente livre. Pois somos marcados pela nossa história de vida: pelas mágoas que nos impedem de fazer escolhas livres.

A morte é a derradeira decisão do homem. Nela, segundo Rahner, ele decide sobre a sua vida inteira; e isto com clareza. No momento em que a alma se separa do corpo, ele está em condições de assumir-se totalmente. Entretanto, Rahner não concebe a separação entre corpo e alma como se o corpo perecesse e a alma se tornasse acósmica. Ao contrário, a separação de corpo e alma na morte significa que a alma assume uma nova forma de relação com o corpo.

No momento da separação de corpo e alma o homem decide-se integralmente a favor ou contra Deus. O que não significa que devemos deixar a decisão sobre a nossa vida para aquela hora. Uma vez que, através das decisões em nossa vida, nos preparamos para a decisão definitiva.

Para Karl Rahner a morte é, por um lado, um acontecimento externo que nos atinge através de uma doença, através de um acidente, através de uma súbita interrupção da vida – mas isso corresponde apenas ao aspecto exterior que observamos. O momento interior da morte – quando chegamos diante de Deus com a nossa existência inteira e nos decidimos a favor ou contra o amor de Deus –, este momento não nos é mais possível observar externamente. É na morte que a nossa decisão fundamental, sempre renovada em vida, experimenta a sua irrevogabilidade.

Por isso, a morte sempre nos faz lembrar que devemos nos decidir consciente e claramente por Deus em vida, na confiança de que, na morte, nos decidamos por Deus para sempre.

Considerar a minha própria finitude faz-me lembrar que devo treinar a vida inteira para que, também na morte, eu possa decidir-me pela vida. E creio que então, na hora da morte, serei bem-sucedido em minha escolha pela vida e por Deus.

O teólogo e filósofo tcheco Tomáš Halík une a decisão do ser humano à experiência de vivenciar Deus. É neste sentido que ele interpreta a revelação divina na sarça ardente, quando Deus fala a Moisés: "Se aceitares a incumbência para a qual te envio (tu deves ir e libertar o meu povo), então estarei contigo" (HALÍK, 2010: 5).

Tomáš Halík entende Deus – à maneira do filósofo Nicolau de Cusa, que se situa no início da época contemporânea – como possibilidade. Deus nos presenteia com essa possibilidade. E, ao nos decidirmos por aceitar a incumbência a que Deus nos designa, "compreenderemos: Ele estará conosco. Deus se apresenta como possibilidade, cabendo a nós assumi-la – e o ingresso nas possibilidades divinas é a fé" (HALÍK, 2010: 5).

Com esta interpretação da revelação de Deus, Halík retoma o pensamento de Romano Guardini, laureado pela Academia Católica da Baviera. Guardini estava convicto de que a confiança no futuro seria "mais escassa, mas, em compensação, mais pura, mais forte, mais realista, sendo que o ponto principal se deslocaria mais profundamente para o pessoal – a decisão" (HALÍK, 2010: 2).

Assim, a fé significa: decidir-se pelas possibilidades de Deus. E, ao decidir-me por aquilo a que Deus me destina, experimento o Deus presente, aquele que está comigo, que abre sempre novas possibilidades para a minha existência e, ao mesmo tempo, para o nosso mundo.

Para Halík não se trata somente da questão se, em determinadas situações, tomo a decisão certa. Em primeiro lugar, está a questão sobre a minha decisão de seguir o chamado de Deus. Pois, ao decidir-me, eu chego a vivenciar Deus. Muitas vezes nós percebemos a situação de modo inverso. Pedimos a Deus para nos decidirmos de maneira certa. Halík postula: ao decidir-me pelo impulso interior que ouço em minha alma, sentirei a presença e proximidade auxiliadora de Deus. A decisão em si cria um espaço para a vivência divina.

Mesmo que estas considerações teológicas possam causar estranheza a muitos, para mim, elas envolvem um pensamento essencial: Nós somos responsáveis por nós. Criamos a nossa existência através das nossas decisões. Ao fazermos nossas escolhas, nós nos comprometemos e, em cada decisão, está em jogo também a decisão pró ou contra Deus – mesmo que isto não seja consciente.

Há as decisões fundamentais sobre o nosso ser. E, dessa escolha básica a favor ou contra Deus, a favor ou contra o nosso verdadeiro ser, originam-se as demais decisões que farão parte da nossa história de vida. Portanto, a reflexão sobre as escolhas constitui-se num tema central para a teologia, que analisa o sucesso ou insucesso de nossa existência terrena. Refletir corretamente sobre o tema "decisão" significa, para a teologia, pensar adequadamente no ser humano e obter uma imagem verdadeira de Deus.

3

Obstáculos para tomar decisões

Às pessoas com dificuldade de decidir costumo perguntar o que as impede de fazê-lo. Muitas vezes elas dizem que não sabem o que é certo; ou que têm a impressão de não conseguir escolher um caminho entre as várias possibilidades. Porque, posteriormente, elas poderiam descobrir que a outra escolha teria sido melhor. Percebo concepções que impedem essas pessoas de decidir-se, devido às imagens que fazem de si. Daí a importância de examinar as ideias que estão por trás dessa incapacidade de tomar decisões.

Uma dessas concepções pode ser o perfeccionismo: as pessoas pensam que têm que tomar a decisão absolutamente certa sempre. Mas não existe decisão absolutamente certa. Toda decisão é relativa. Não nos é dado saber de antemão o que vamos encontrar no caminho escolhido. Por isso, devemos aceitar a relatividade de nossa vida e de nossas decisões. Aceitação esta que se mostra difícil para um perfeccionista.

O perfeccionista gostaria de ter domínio de tudo. E tomar uma decisão significa o contrário: significa abdicar da segurança e abrir mão exatamente daquilo que se quer manter.

Até para decisões menos importantes os perfeccionistas enfrentam problemas maiores.

Para comprar um carro, uma senhora não conseguia decidir-se pela cor. Diante de todas as cores que a empresa lhe oferecia, ela hesitava. Nenhuma cor preenchia as suas expectativas. Assim, por semanas, ela ficou na dúvida em relação à cor que deveria escolher, o que lhe consumiu bastante energia. De um lado, ela não estava segura quanto ao próprio gosto, e, de outro, havia o receio da reação dos outros a uma determinada cor. Ela estava se colocando na dependência do julgamento de terceiros. Enfim, não importa a cor que escolho, uma vez que posso acostumar-me com qualquer carro. No entanto, para muitas pessoas esta escolha acaba sendo uma "cerimônia".

Eis outro exemplo: durante os cursos, muitas vezes formo pequenos grupos para tratar de um determinado problema. Alguns mal conseguem decidir de que grupo participar. Já outros escolhem um grupo, mas depois ficam constantemente observando os outros grupos. Se, eventualmente, um grupo começa a rir muito, eles já duvidam se optaram pelo grupo certo: Talvez o outro grupo tivesse sido melhor e mais agradável para eles... E, de tanto matutar, eles acabam não participando adequadamente do grupo em que se encontram. A dúvida os impede de participar de uma boa conversa, não há um encontro real com os outros do seu grupo e, consequentemente, não é possível desenvolver uma boa interação.

O perfeccionismo pode estar ligado à compulsão de querer controlar tudo. Mas ao tomar uma decisão entregamos o controle. Confiamos a decisão a Deus. Por isso, a falta de confiança também é algo que dificulta a decisão.

Não há garantias de que possamos avaliar todas as eventualidades num processo decisório. Mesmo se levarmos em conta todas as informações obtidas, ainda assim, não teremos certeza se a decisão tomada nos trará felicidade no futuro. A bênção não depende somente de nossas ideias e cogitações – em última análise, ela depende de Deus.

Daí a necessidade da confiança em Deus, para que nossas escolhas sejam por Ele abençoadas, permitindo que resultem em bênção para nós e para os outros.

Eu confio minhas escolhas a Deus para que ele permita que se transformem no melhor possível. Qualquer caminho que eu escolher me apresentará também obstáculos e situações difíceis. Esse é o momento em que muitos começam a duvidar de sua decisão. No entanto, a questão é: Afinal, o que é uma decisão errada? Devemos confiar que, através das nossas escolhas, encontremos o caminho abençoado por Deus. E a bênção divina estará conosco também quando nosso caminho se tornar difícil e penoso. Talvez seja uma maneira de amadurecermos.

As lendas costumam apresentar um personagem que, aparentemente, faz uma escolha errada. Mas, posteriormente, percebe-se que ele tinha que tomar essa decisão, porque as dificuldades enfrentadas contribuem para o seu amadurecimento. No conto *A água da vida* o filho mais jovem parte em busca da água da vida, para poder curar o pai doente. Mas ele também queria encontrar os seus dois irmãos. Um duende o adverte que não os procurasse por serem maus. Mesmo assim, ele os procura e, quando finalmente os encontra, eles roubam a água da vida por inveja e a trocam por água amarga do mar. O pai quase faleceu devido a essa água. Então, este contrata um caçador para matar seu filho mais jovem. Mas o seu filho se esconde e entra na floresta. Ao final, após todos os seus sofrimentos, ele encontra uma princesa e casa com ela, enquanto os seus irmãos maus fogem. Apesar de o filho mais jovem, aparentemente, ter feito uma escolha errada, ela acabou se transformando em bênção para ele.

No acompanhamento religioso vivencio situações parecidas. Por exemplo, um senhor opta por um caminho que a mim parece errado. No entanto, talvez ele deva seguir este caminho para encontrar o seu verdadeiro eu. Nem toda decisão nos leva a um caminho fácil. Algumas nos fazem passar por perigos; outras, por desvios e descaminhos. Mesmo assim, essa ou aquela decisão provou ser a certa. Pois foi neste caminho que Deus nos conduziu ao objetivo final: a nossa verdade e a felicidade. Aliás, é o que as lendas nos mostram também.

Outro obstáculo para a tomada de decisões é a ideia de querer manter abertas todas as portas. Quer dizer, ao decidir-me por um caminho, ao mesmo tempo decido-me contra outro e, ao abrir uma porta, fecho outras. Mas, para alguns, viver com portas fechadas é difícil.

Entretanto, deixar todas as portas abertas deixa as pessoas expostas à correnteza que não faz bem à alma e elas ficam estagnadas. E de repente, em determinado momento, essas portas abertas batem e se fecham, e quem quis mantê-las abertas acaba mesmo diante de portas fechadas.

Uma aluna do último ano do ensino médio contou-me que não sabia que área deveria escolher para continuar seus estudos. Ela havia obtido boas notas em todas as matérias e poderia tanto estudar medicina, quanto música, matemática ou educação física. Gostaria de seguir todas as carreiras – o que não seria possível. Assim, ela teria que optar e cogitava: – se eu optar pela medicina, só poderei praticar a música e o esporte como um *hobby*, mas não com igual vigor com que me dedicaria se tivesse optado por uma dessas áreas.

E, se eu me formar em Matemática, a minha vida será bem diferente da vida de uma médica.

Exatamente as pessoas com muitas portas abertas para escolher são as que mais dificuldade têm para se limitarem a uma só. No entanto, para avançar em meu caminho, preciso decidir-me a atravessar uma porta. Muitos receiam que possa ser a porta errada. Mas o medo deve ser um convite para confiar em Deus, para que Ele mostre a porta que devo atravessar. Deus fala conosco em nossos sentimentos. Devemos levar a decisão para onde sentimos mais paz. E podemos confiar: Independentemente de qual porta atravessarmos, temos que atravessá-la para seguir adiante. Senão ficamos parados. Além disso, a vida não depende somente do fato de nos tornarmos músicos ou médicos, matemáticos ou esportistas. Os caminhos exteriores podem auxiliar no êxito, mas o que interessa, no fundo, é que nos decidamos pela vida. E nisso, a forma como a vida será concretizada passa a ser menos importante.

No caso da aluna, o problema não se restringia ao medo de tomar uma decisão inadequada. Havia ainda o medo da própria culpa. Ela acreditava que, caso a sua vida não fosse bem-sucedida – se ela fizesse as escolhas erradas –, ela não conseguiria perdoar-se.

Aqui convém pensar um pouco nos sentimentos de culpa. Há a tendência de acharmos que devemos estar sempre de consciência tranquila. Queremos ficar absolutamente sem culpas. Só que esta imagem não corresponde à realidade. Pois, querendo ou não – sempre iremos ter alguma culpa sobre nossa vida também.

Falando através da imagem do administrador esperto, isto significa: Mesmo sem querer – estaremos sempre desperdiçando algo do bem que Deus nos confiou (Lc 16,1-8). Mas, em cada situação da minha vida, tenho que me decidir de maneira tão inteligente quanto o administrador na parábola. Somente quando nos reconciliarmos com o fato de que podemos nos tornar culpados, ou que sentimentos de culpa possam surgir em nós, poderemos nos decidir. Eu me apresento a Deus com a minha decisão, que pode ser questionável também, e confio que Ele a abençoe.

Jesus referiu-se à porta estreita que devemos atravessar. Esta imagem foi acolhida por São Bento em sua regra. Ela significa que aquele que decide viver no mosteiro segue um caminho estreito, que se alarga depois, levando a um coração aberto: "Não fujas do caminho da salvação que, no início, só pode ser estreito. Mas, para quem avança na vida monástica e na fé, o coração se dilata e o caminho dos mandamentos de

Deus é percorrido com indescritível doçura de amor" (Regra de São Bento, Prólogo).

Em latim, São Bento fala aqui da doçura do amor, do agradável sabor do amor. O coração de quem segue o caminho estreito para a vida se dilata, sendo preenchido pelo sabor doce do amor. E aquele que não tiver a coragem de passar pela porta estreita nunca alcançará essa amplidão.

O místico alemão Johannes Tauler utilizou outra imagem para ilustrar esse caminho estreito. Diz ele: Cada um defronta-se com uma passagem estreita em sua vida. Ele tem que atravessá-la para progredir interiormente. Mas atualmente muitas pessoas, ao perceberem que os seus "trilhos" conduzem a uma passagem estreita, simplesmente saltam para outro trilho. Eles experimentam vários métodos, oferecidos pelo "supermercado" espiritual ou psicológico. E, quando alcançam a próxima passagem estreita, pulam para o próximo trilho.

Deste modo nunca conseguem atravessar a passagem estreita que, aos poucos, vai alargando o caminho inicial.

Pude constatar este fenômeno em várias pessoas que alternam de um método espiritual ou psicológico para outro. Elas não persistem num caminho e, assim, ficam paradas apesar de seus esforços. A decisão sempre passa pelo caminho estreito, e quem quer evitar a passagem estreita não consegue ir em frente; nunca alcança a amplidão interior, liberdade e fertilidade e continua girando em torno de si. Pois, atravessar a passagem estreita requer coragem, e, somente então, a nossa vida será bem-sucedida.

Muitos que escolheram um determinado caminho após longas cogitações se lamentam pelas possibilidades que ficaram excluídas com a decisão tomada. Eles continuam remoendo se outra opção não teria sido melhor. Assim, eles se tolhem, gastando a força de que necessitariam para seguir, com energia, no caminho escolhido.

De fato, ao optar por um caminho a pessoa está abrindo mão de outros e pode sentir pesar pelo que ficou excluído. Esse sentimento de pesar é diferente de arrepender-se, ficar remoendo as possibilidades perdidas. Porque, ao remoer, ficamos presos ao que julgamos perdido. Não conseguimos seguir em frente. Ao passo que, ao sentir pesar, elaboramos esse sentimento em relação às possibilidades perdidas. Assim, atravessamos essa dor e entramos em contato com o fundo de nossa alma, onde descobriremos o potencial das capacidades que Deus nos deu.

Quem fica remoendo não está em contato com o fundo da sua alma. Acaba ficando somente na superfície. Mas, ao sentir pesar, pode-se atravessar a dor deixando-a para trás. E este caminho através da dor conduz ao nosso verdadeiro ser. Quem renega este caminho não consegue encontrar o seu verdadeiro eu. Ele não está centrado, está na superfície somente. Lá, lamenta as possibilidades perdidas, afogando-se em autopiedade. E, através da autocomiseração, nunca se alcança um objetivo. É possível, ainda, que se venha a culpar os outros por ter tomado uma decisão equivocada. Podendo vir a acusar os pais, que aconselharam tal escolha ou o seu amigo, que não o impediu de seguir esse caminho – ele deveria ter sabido. São essas estratégias de autocomiseração que nos impedem de avançar.

A mídia atual conhece essa tendência de as pessoas eventualmente questionarem as escolhas tomadas, vindo a culpar-se. Assim, as concessionárias não fazem apenas publicidade de seus carros. É comum que duas semanas após uma aquisição de valor significativo o cliente receba uma correspondência felicitando-o pela aquisição e relembrando-lhe todos os motivos que o levaram à compra. O objetivo é eliminar eventuais dúvidas que possam ter surgido no cliente após a sua escolha. Não deveríamos esperar por comunicados de empresas, e, sim, felicitar-nos por nossas escolhas, o que é preferível a ficar remoendo decisões posteriormente.

O medo é um grande obstáculo ao tomar decisões. E esse medo pode ter várias faces. Para uns, é o medo da opinião dos outros. Eles acreditam que deixando de tomar uma decisão estariam livres de críticas. Porém, é exatamente desta maneira que atraem críticas.

É preferível tomar uma decisão, mesmo sem ser ótima, do que omitir-se. Pois, a decisão evitada acaba sendo uma decisão. "Também isso é um fato que trará consequências. Não podemos nos resguardar das consequências, deixando de tomar decisões" (MEIER, 2008: 143).

O receio de ser criticado em suas decisões leva a um "modo seguro de pensar". O juiz de futebol suíço Urs Meier relata que muitas empresas contratam cinco ou mais agências para a sua publicidade. Posteriormente, elas necessitam de bastante tempo para separar todos os esboços e muitas vezes querem misturar ideias diferentes – o que resulta numa estratégia pior do que poderia ter sido qualquer proposta individualmente. Para Meier, "este é um exemplo da difusão do modelo 'pensar seguro', baseado na concepção equivocada de que um número maior de opções reduziria o risco de deixar de reparar em algo e, assim, deixar de alcançar o objetivo" (MEIER, 2008: 148).

O medo de decisões também pode se expressar em decisões "a toque de caixa". A falta de decisão anterior é compensada por uma espécie de ataque de decisão. Aparentemente o envolvido assume o controle. Mas, na realidade, este 'Agora vamos resolver aquilo deste jeito e não de outra forma' traduz apenas desespero e instabilidade" (MEIER, 2008: 149).

O receio de ficar excluído de seu grupo por uma escolha também pode ser causa do medo de decidir-se. É o medo de ficar só. Por meio de minha opção posso expor-me e ficar vulnerável. Posteriormente, os outros certamente virão a perceber melhor que a decisão foi errada. Então, não me decido e, assim mesmo, erro tudo. Tomar uma decisão requer autoconfiança. E a pessoa tem que confiar que o seu valor não depende do juízo dos outros. Quem faz escolhas, mesmo criticado, pode crescer em sua autoestima. Ele se assume na decisão, mesmo que muitos estejam contra ele.

Para outros é difícil decidir porque têm medo dos compromissos de caráter definitivo. Por isso, cada vez mais pessoas receiam tomar decisões de vida – como o comprometimento com alguém por toda vida ou por uma profissão ou pela vida monástica. É o medo de um compromisso vitalício ou de uma união com outra pessoa. Pois o parceiro ou parceira poderia transformar-se, tornando difícil a manutenção da parceria.

Do mesmo modo há a dificuldade de um comprometimento profissional. Só que, se eu receber uma oferta de trabalho – seja numa empresa, seja para assumir a empresa dos pais –, eu tenho que optar. E somente podemos tomar decisões se refletirmos de forma adequada sobre o ser humano. É inerente ao ser humano que ele se una, em liberdade, a algo ou a alguém. Assim, a sua vida adquire contornos claros. Esta forma o auxilia a crescer e desabrochar interiormente. Uma árvore tem que crescer em um determinado local; ela não pode ser transplantada toda semana. Do mesmo modo, o ser humano tem que se decidir por algo para que possa crescer, em si mesmo e em suas decisões. Quem não decide por medo de prender-se fica sem apoio. Não adquire raízes e nada pode crescer nele.

Atualmente existe a relutância de vincular-se a algo pela vida afora ou principalmente a unir-se a alguém para todo o futuro, como no casamento. Mas há também o receio em relação à proximidade do outro.

Unindo-me a alguém eu me exponho a ele e me dou a conhecer, o que, para muitos, é motivo de apreensão, fazendo com que se afastem no momento de uma aproximação. Existe o receio de que o outro possa descobrir seus pontos fracos.

A união com uma pessoa somente é possível quando eu estiver disposto a confiar ao outro a minha verdade, e abrindo-me a acolher a sua ao mesmo tempo. Só posso unir-me ao outro se tiver a confiança de que percorreremos juntos esse caminho, protegendo-nos e apoiando-nos, e que iremos juntos crescer. Devemos estar cientes de que tal empreitada não se dá sem conflitos e discussões. No entanto, tais conflitos são necessários para abrir as camadas de proteção que construímos em nossa volta. Somente assim é possível a descoberta pessoal. Somente assim descobriremos a nossa verdade e a do outro. E isto é possível somente quando nos despedirmos do nosso ideal de perfeccionismo e quando separarmos as nossas expectativas em relação ao outro das expectativas idealizadas que tínhamos dele.

O medo da decisão está sempre relacionado a determinadas imagens e expectativas que temos em relação à vida e, por estarmos presos às imagens, não temos coragem de decidir.

As escolhas colocam em questão a autoimagem e a imagem da minha vida. E este questionamento das imagens dá medo e paralisa. Assim, a decisão torna-se possível somente para aquele que estiver disposto a desapegar-se de suas imagens, aceitando o novo que virá ao seu encontro a partir de sua decisão.

Em relação à tomada de decisões, a vivência com a experiência paterna é decisiva também. É tarefa de nosso pai nos apoiar para tentarmos a vida, para corrermos riscos e para tomarmos decisões que nos façam avançar. Para quem vivenciou o pai como ausente ou fraco, tomar decisões é mais difícil. Falta-lhes coragem. A energia paterna tira-nos o medo de errar.

Com o receio de errar em suas escolhas o indivíduo torna-se cada vez mais incapaz de decidir-se. Não podemos fazer de conta que a falta de uma experiência paterna significativa não seja importante. Mas, mesmo sem ter esse reforço, podemos aprender a tomar decisões. Apenas, é preciso permitir-se errar também. Pessoalmente, também posso imaginar que o meu pai celestial me apoia, permitindo-me assumir a minha vida – bem como as minhas decisões.

O psicólogo suíço Carl Gustav Jung refere-se a esta coragem de assumir a própria vida e, assim, tornar-se vulnerável: "Não há quem faça história sem arriscar a sua pele ao fazer a experiência, isto é, levar sua própria vida até o final" (JUNG, 1971: 169). Quem se decide, arrisca a sua pele porque se expõe através de sua escolha.

4.

Ajudas para tomar decisões

Na sequência, gostaria de descrever algumas ajudas que podem contribuir para a tomada de decisões definidas. Aqui deve ser levado em conta que há pessoas que tomam facilmente suas decisões e outras que têm dificuldade para tanto. O que depende de seu temperamento e da pressão a que se submetem.

Assim, para o perfeccionista é mais difícil fazer escolhas do que para a pessoa mais tranquila. Quem não conta com uma figura paterna forte nesse sentido tem maior dificuldade e há as pessoas que precisam de tempo para decidir. Elas querem refletir bem. E, quem segue o intelecto, requer mais tempo para uma decisão. Porque, racionalmente, os argumentos para esta ou aquela decisão estão bem próximos, levantando sempre novas cogitações. Ao passo que, quem ouve o seu instinto faz a escolha espontaneamente.

Não podemos mudar o nosso temperamento. Mas podemos lidar bem com o caráter e as capacidades que nos foram dadas. Permitindo a cada um – independentemente de suas condições – aprender a se decidir de maneira mais clara e mais rápida.

Posturas

O primeiro passo, por isso, visando boas decisões é examinar nossas concepções. Parto do princípio de que tenho que tomar uma decisão absolutamente certa? Então eu deveria despedir-me deste ideal, uma vez que não existe uma decisão absolutamente certa. Eu devo decidir-me por aquilo que é inteligente. A inteligência é um auxílio importante para conseguir tomar decisões. Ela pressupõe que eu tenha uma imagem real das coisas. Então também posso decidir-me corretamente. Josef Pieper, já citado, diz: "A inteligência é a arte de decidir-se correta e objetivamente" (apud WICKERT, 1995: 260).

Mas a inteligência também requer sempre uma previdência. A inteligência é a capacidade de fazer aquilo que é o melhor para a pessoa em determinado momento.

O passo seguinte é estar centrado, para não ficar na dependência de reações de outras pessoas. Para muitos falta coragem para decidir, porque estão preocupados com o que os outros acharão dessa opção. Nesse caso, eles não estão centrados, mas estão se colocando na dependência da reação dos outros.

No entanto, a reação dos outros não deve ser ignorada. Quando diz respeito a uma decisão importante – como divorciar-se ou deixar o monastério – então eu tenho que levar em conta também as reações dos outros. Pois, vou ter que conviver com essas reações. Por exemplo, se eu estiver envolvido em outro relacionamento, a minha vontade é seguir somente esse sentimento, sem levar em conta a minha esposa nem o meu meio. Este sentimento pode cegar, mas pensar na reação das pessoas de meu convívio pode me fazer acordar e perceber as consequências que advirão da minha decisão.

No entanto, devo distinguir entre a reação de verdadeiros amigos, que realmente se importam comigo e a reação de pessoas que irão projetar suas frustrações nas minhas decisões. Mas é certo que eu sou responsável por mim, diante de Deus e dos homens, pelas pessoas às quais me uni. Eu devo tomar cada decisão com responsabilidade em relação ao meu ambiente, mas não devo ficar na dependência da reação dos outros – tenho que estar em consonância com o meu interior.

Minha irmã, familiarizada com o mundo do trabalho feminino, relatou que, às vezes, mulheres têm dificuldade de decidir, porque têm receio de que os outros possam dizer: "Foi um erro decidir desta maneira". Elas têm receio de se tornar vulneráveis através de suas escolhas. Muitas vezes é o olhar crítico do pai que as acompanha neste medo. O pai sempre exigia que elas fizessem tudo certo. Assim, elas têm fixação com esse "agir corretamente", que as tolhe em suas decisões. E se eu errar em algo, o que acontece?

No entanto, não se trata da questão de acertar tudo. Uma mulher que agisse assim se orientaria demasiadamente pelo modo de pensar do pai com sua visão masculina. Uma imagem melhor do que a do "agir corretamente" seria seguir, simplesmente, o caminho do crescimento que se manifesta em seu interior. A decisão permite o crescimento. Algumas mulheres gastam muita energia para avaliar tudo. Assim, não estão centradas; e, sim, seguindo a orientação do pai. E quando, finalmente, se decidem, podem experimentar uma sensação de energia e de crescimento. Tudo volta a fluir – o caminho segue. Elas sentem que sua energia feminina estimula o crescimento. Quer dizer, ao continuarem seguindo a orientação paterna, a decisão se torna difícil, ao passo que, quando confiam em seu instinto feminino, a decisão surge do interior, contribuindo para o crescimento.

A terceira postura necessária para a tomada de decisões é estar disposto a perder. Pois, quem quiser ganhar também deve saber perder. E quem tem medo de parecer perdedor, fica interiormente bloqueado e não consegue decidir-se. Além do medo da reação dos outros, ele teme também o seu juiz interior. São pessoas que não conseguem se perdoar caso fiquem em situação de perdedores.

Mas todo esportista sabe que só se pode iniciar um jogo ou uma competição, estando dispostos a encarar uma derrota. É claro que ele vai com a intenção de ganhar o jogo, mas tem que levar em conta que a outra equipe ou o adversário possam ser os vencedores.

É exatamente ao perder que se demonstra a grandeza. Ser um perdedor leal é característico da dignidade do ser humano. Quem fica nadando na onda de seu sucesso, fica na superfície somente e, no caso de perder, fica totalmente arrasado. Ele não pode perdoar-se por ter perdido. Assim, se não houver a disposição para perder também, nunca se toma a decisão de jogar.

A quarta postura é a confiança. Após analisar todos os argumentos, vou escutar o meu interior. Vou escutar os impulsos que vêm do meu coração. Vou apresentar as diversas possibilidades ao foro do meu coração. E decidir-me-ei pela direção em que o coração me impulsionar. Então não fico somente no nível racional, eu escuto o meu coração com confiança e decido sem mais pensar. Também não me culparei posteriormente, nem voltarei a questionar a decisão tomada. Muitos despendem bastante energia com questionamentos depois de tomadas as decisões. Acompanhar a decisão inicialmente é importante, pois não sei o que resultará da decisão que se abriu para mim. Por isso posso acertar o rumo posteriormente, adequando a decisão às circunstâncias que surgirem, mas sem culpas.

A confiança está relacionada à intuição – aquele sentimento que se nos desenvolve no ventre. Quando decidimos a partir do ventre, intuitivamente, normalmente fazemos as melhores escolhas. Empresários relatam que sempre que haviam tomado decisões baseadas na intuição, mais tarde, elas se verificaram corretas. Por exemplo, ao avaliarem um candidato sob o ponto de vista estritamente racional – como por seu currículo ou certificados –, eles estavam equivocados. O candidato, então, mostrava-se competente, mas não se enquadrava na empresa, não combinava com os demais funcionários. E quando esses empresários confiavam na sua intuição, geralmente o novo funcionário se adequava e desenvolvia-se bem na equipe.

Nós costumamos pensar que a intuição seja irracional, o que não é o caso. A neurociência descobriu que nosso corpo transmite informações importantes ao cérebro. "A maioria das conexões nervosas parte do ventre para o cérebro. Isto significa que o ventre está constantemente abastecendo o cérebro com informações e sinais" (MEIER, 2008: 26). O ventre tem a sua própria inteligência. Sobretudo, ele tem a inteligência emocional. Ele tem, também, uma boa sensibilidade para relacionamentos, o que não nos é estranho. Pois, quando estamos apaixonados, é possível percebermos um formigamento na barriga. Inversamente, relacionamentos malresolvidos, podem se manifestar também na região da barriga e do estômago. Não conseguimos mais nos alimentar adequadamente. Estamos sem apetite ou, então, tentamos sufocar essa sensação na barriga com excesso de comida.

A intuição nos indica se o relacionamento com determinada pessoa está bem – se ela se enquadra em nosso meio, tanto de trabalho, quanto de amizades. Essa sensação sinaliza quando algo não está bem. Racionalmente, tudo parece estar bem, mas lá no fundo nossa intuição nos diz que há algo que não se encaixa.

O árbitro suíço Urs Meier lembra uma situação de jogo pela Copa Europeia entre a Inglaterra e Portugal em 2004. Com o placar de 1 x 1, Sol Campbell marca um gol de cabeça para a Inglaterra aos 89 minutos de jogo. Mas a sua intuição lhe dizia que algo ali não estava de acordo, apesar de nada ter visto do ponto em que ele se encontrava e não reconheceu o gol. Posteriormente, em base no vídeo, ele verificou que a sua decisão fora adequada (cf. MEIER, 2008: 15s.). Numa situação em que se tratava de entrar para as semifinais ou ser eliminado, não foi fácil confiar na intuição, para tomar uma decisão rápida. Mas a intuição é mais ágil do que o intelecto que precisa juntar todos os argumentos.

A decisão e a oração

A oração é uma ajuda para a tomada de decisão. Ao rezar numa situação de escolha, Deus não vai me livrar simplesmente da decisão, mostrando claramente como eu deveria agir.

Dificilmente receberei uma resposta direta. No entanto, através da oração, adquiro uma distância adequada para as minhas decisões.

Diante de Deus, vou analisando as diferentes possibilidades; tento esclarecer a questão e os motivos que me levam a querer optar por uma ou outra alternativa. Então pergunto o que Deus quer me dizer e, no silêncio, tento escutar os impulsos que se formam em meu interior.

Se, ao examinar uma alternativa, eu puder sentir uma paz profunda, é sempre um sinal de que decidir-me assim está de acordo com a vontade de Deus. É possível ainda que eu não encontre a paz interior, mas, simplesmente, um impulso: "Aja assim!"

Antigamente eu refletia muito sobre qual exercício ou método deveria escolher para os meus cursos. Então, às vezes, parecia-me ouvir a palavra que Jesus disse ao paralítico: Levanta-te, toma o teu leito e anda" (Jo 5,8). Assim, isso servia como um impulso para tomar a solução que surgia na mente. A oração despertou minha confiança para seguir um caminho, ao invés de desperdiçar energia procurando pelo melhor método para aquele momento.

É possível que não me seja dado perceber algum impulso para decidir. Levo isto a sério e penso que ainda não chegou o momento de decisão. Apresentarei a decisão a Deus outras vezes e aguardarei até que se forme em mim o sentimento: Posso decidir-me agora. Naturalmente, tal espera só se aplica a decisões de vida. As decisões cotidianas, na maioria das vezes, não podem ser adiadas. Nesse caso, convém auscultar o nosso interior e ouvir a voz de Deus, para depois decidir. De qualquer modo, esta pequena pausa é uma ajuda para não sermos levados a decidir em função de outros e que nossa decisão siga o nosso coração.

No caso de decisões para a vida, não devo sentir-me pressionado a decidir após a oração. Mas será uma ajuda para estabelecer um prazo para a tomada da decisão.

Conheço pessoas que por muitos anos cultivaram o desejo de entrar para o convento. Mas não conseguem se decidir. Falam sempre que gostariam de decidir-se. Mas, ao encontrá-las dez anos depois, nada mudou. Então, falar sobre as decisões a tomar acaba sendo uma desculpa. Nesse caso, convém dizer a essas pessoas: "Não quero mais ouvir nada sobre a tua decisão de entrar ou não no convento. Na verdade tu já te decidiste. Pois, se ainda não estás no convento, é porque já decidiste. Admite-o, ao invés de gastar a tua energia e continuar girando em torno de uma possível decisão.

Quais são as exigências concretas de que estás fugindo?" São perguntas claras que estas pessoas prefeririam não ouvir. Mas talvez seja uma maneira de abrir seus olhos para se disporem a enfrentar a realidade, decidir-se pela vida que agora vivem. Então, a decisão será uma ajuda para viver conscientemente e com todo ânimo aquilo que se está vivendo no momento.

Em conversas, muitas vezes, tomo conhecimento de maneiras estranhas de pedir a ajuda de Deus para decisões que levam a nada. Uma senhora pede ajuda de Deus para abençoar o encontro com o homem que lhe agrada e que acha tão simpático. Nesse encontro ela se magoa profundamente e agora quer culpar Deus – pois, ela havia orado antes e a mágoa não lhe fora poupada. Mas tive a impressão de que aquela senhora usou Deus para confirmar a sua decisão. Ela não encontrou Deus na oração. Ela não apresentou abertamente a pergunta se deveria ou não encontrar o homem. Ela tinha a intenção de encontrar o homem e quis usar Deus para confirmar sua decisão na oração.

Mas se eu não apresentar abertamente os prós e contras, também não posso responsabilizar Deus pela decisão. A oração verdadeira sempre é um encontro aberto com Deus, sem ter ainda tomado a minha decisão. No encontro com Deus, também escuto os meus impulsos internos. Deus se dirige a mim através dos impulsos do meu coração. No entanto, é preciso ter o dom do discernimento – se é quem Deus fala comigo ou somente o meu superego, a minha ambição e minha necessidade infantil. Posso reconhecer a voz de Deus pelo efeito de um impulso. Um impulso que, em mim, produz paz, liberdade, vivacidade e amor, corresponde à voz de Deus. Um impulso que me dá medo, que me estressa, corresponde mais ao meu perfeccionismo, ao meu superego que sempre exige a solução perfeita de mim.

Há situações em que somos obrigados a decidir. Uma senhora mencionou existirem situações em que, de qualquer forma, só seria possível decidir entre a peste e o cólera. Às vezes somos colocados diante de falsas alternativas. Jesus conhece tais experiências e ele nos mostra o caminho de como podemos decidir do centro interior.

A Bíblia nos conta duas situações em que Jesus foi forçado a uma decisão. Na primeira cena, alguns fariseus e seguidores de Herodes chegam a Jesus e perguntam: "É justo pagar imposto a César ou não? Devemos pagar ou não?" (Mc 12,14). Aqui Jesus deve decidir uma questão que, na época, era bastante discutida. E qualquer que fosse a decisão de Jesus, Ele se colocaria numa situação sem saída. Se ele negasse o pagamento do imposto, os seguidores de Herodes poderiam mandar prendê-lo. Se Ele se manifestasse a favor do pagamento do imposto, decepcionaria todos os seus seguidores. Jesus percebe a cilada que os fariseus lhe preparam. Ele evita responder simplesmente à sua questão. Ele toma a iniciativa e ordena aos questionadores que lhes trouxessem um denário e lhes pergunta: "De quem é essa imagem e inscrição?" Quando eles respondem "De César", Ele diz a palavra genial: "Dai a César o que é de César e a Deus o que é de Deus" (Mc 12,17). Contra isto nada puderam dizer. Jesus se exime da alternativa errônea, diante da qual foi colocado pelos indagadores. Ele reage de maneira soberana.

Esta história nos mostra que não devemos permitir que outros nos coloquem numa situação de decisão que nos possa levar a uma situação sem saída. Os caminhos que nos são impostos por outros normalmente não são de ajuda. Assim como Jesus nesta cena, devo tomar a iniciativa e decidir-me. A expressão "Eu 'me' decido a", demonstra que decidir sempre é uma ação e algo que se desenrola em meu interior e com o meu envolvimento. Eu decido sobre mim. E eu não devo permitir que esta decisão me seja imposta.

A cena que o Evangelista João nos conta é semelhante. Os fariseus levam até Jesus uma mulher que acabou de ser descoberta em adultério. Eles lhe mencionam o mandamento de Moisés segundo o qual tal mulher deveria ser apedrejada. E perguntam a Jesus o que deveriam fazer. Jesus não responde. Ele se abaixa e escreve na areia. Poder-se-ia dizer: Ele ganha tempo e entra em contato com as soluções criativas que se desenvolvem em seu interior. Modernamente poderíamos dizer também: Jesus faz *brainstorming*: Simplesmente, Ele escreve na areia o que lhe surge na mente. E, ao escrever, surge em seu interior a frase genial que Ele lança aos questionadores: "Aquele de vós que estiver sem pecado atire-lhe a primeira pedra" (Jo 8,7). Jesus se abaixa novamente e continua a escrever. Quando Ele levanta o seu olhar, todos haviam ido embora. Eles tiveram a honestidade de não se fazerem passar por imaculados.

Jesus não permitiu que fosse forçado a uma decisão que lhe teria trazido aborrecimento, independentemente de qual teria sido a decisão tomada. Ele "mergulhou" e entrou em contato com o seu interior. Muitas vezes nós também buscamos um afastamento, dizendo: "Eu preciso dormir antes de decidir". Pode ser que surjam soluções durante o sono. Uns sonham como devem decidir; outros têm a impressão ao acordar: Agora eu sei como decidir. Enquanto entraram em contato com a sua alma durante a noite, algo se tornou claro para eles.

Muitas vezes não é possível adiar a decisão. Mas, mesmo assim, convém procurar escutar brevemente o seu interior e entrar em contato com o coração. E então eu deveria fazer aquilo que o meu coração oferece como solução. O principal é que eu não esteja focado no outro, mas que entre em contato com o meu interior. Devo decidir baseado em meu interior e não em qualquer pressão externa. Posso confiar que a minha alma sabe exatamente o que é o certo para ela. Por isso é necessário o mergulho até o fundo da alma, para lá pressentir o que a alma diz. A alma sempre tem soluções criativas para uma decisão e ela não permite que lhe sejam impostas alternativas errôneas.

Alguns se recolhem em um convento para tomar decisões e outros para fazer um retiro individual. Todos os exercícios espirituais de Santo Inácio de Loyola conduzem a uma solução. O praticante, inicialmente, busca o fundamento de sua vida – ele pergunta o que quer da sua vida realmente. Antes de decidir, deve ficar interiormente livre. Inácio fala, aqui, de indiferença. Entende com isso um estado de liberdade interior em que o ser humano está aberto a todas as soluções que Deus lhe oferecer. Depois, ele se questiona em tudo sobre o "mais": O que trará mais frutos e bênção para mim e para as pessoas?

Este "mais" refere-se a valores cristãos como paz, justiça, fé, esperança e amor. O praticante questiona com qual alternativa ele pode contribuir mais para que "o mundo se torne um lugar um pouco mais justo, mais pacífico, mais amoroso, mais benevolente, mais confiante e esperançoso" (KIECHLE, 2004: 34). Inácio também se refere a este "mais" como fruto ou consolo maior. Fruto vem a ser "aquilo que possibilita e faz desabrochar a vida humana" (KIECHLE, 2004: 37).

O consolo está mais ligado ao próprio sentimento do praticante na decisão se ele está em harmonia, se ele se sente bem, livre e vivaz. O fruto está em relação com a bênção para os outros – o que traria mais bênção para os homens? "O fruto é um bem para os outros, o consolo é um bem para aquele que se decide" (KIECHLE, 2004: 39). Ambos – consolo e fruto – devem complementar-se. Os exercícios espirituais inacianos sempre levam a uma decisão – seja de escolha profissional ou sobre como quero continuar o caminho no ano seguinte.

Alguns se recolhem no convento não para fazer retiro ou exercícios espirituais, mas para ficar em silêncio. Seu objetivo é aproveitar esses dias para tomar decisões importantes para o futuro. Uma senhora disse-me que ela havia se retirado por alguns dias em nossa Casa Beneditina em Würzburg. Lá ela teria tomado decisões que resultaram em bênção para ela e que agradece. Ela não havia desenvolvido um método para a decisão. Ela precisava somente de um espaço de silêncio para refletir sobre a questão de engravidar ou não. Após esses dias de silêncio ela experimentou um sentimento claro e harmonioso para poder tomar a decisão.

Nem todos têm tempo para se retirar por alguns dias ao convento. Mas podemos nos conceder espaços de silêncio mesmo no dia a dia. Para uns, pode ser um passeio em que se ocupem com a decisão em relação a uma gravidez. Ela não fica pensando nisso o tempo todo, mas parte com ela questão no coração, pedindo a Deus um sinal, nesse caminho, para decidir-se. É possível que uma determinada árvore ou paisagem nos abram os olhos. E, subitamente, sabemos como decidir. Tais experiências pequenas durante a caminhada trazem clareza para o pensamento e para nossa decisão. Outra pessoa vai meditar para decidir. Na meditação ela não pensa na decisão – ela, simplesmente, fica em silêncio diante de Deus. Às vezes, sabemos como devemos decidir após meditar.

Já outros, para decidir, indagam o que corresponderia mais à vontade de Deus. No entanto, muitos relacionam a vontade de Deus a algo que necessariamente contraria a nossa própria vontade. Eles entendem como vontade divina algo que vem do exterior para dentro de nossa vida. Para essas pessoas, Deus não tem relação com seus próprios sentimentos e voz interior. E, em vão, elas se perguntam pela vontade divina. Ou ainda confundem a vontade de Deus com o próprio perfeccionismo. Elas acreditam que a vontade de Deus deve corresponder ao mais difícil, mais duro ou mais abnegado.

No entanto, em relação à vontade, devemos discernir entre dois planos. Há a vontade superficial: "Agora quero ir a tal lugar". "Agora quero comer isto". "Eu quero aquilo". E há em nós uma vontade que acessamos quando estamos em silêncio e em paz. Aquilo que queremos no silêncio, em que podemos sentir uma profunda harmonia em nós – corresponde também à vontade divina. No fundo da nossa alma, a vontade de Deus e a nossa são idênticas. Em 1Ts 4,3 o Apóstolo Paulo diz: "A vontade de Deus é esta: a vossa santificação". A vontade de Deus é que nos tornemos salvos e inteiros, que estejamos em consonância com o ser, a imagem original e pura de Deus em nós.

Não depende de mim somente se uma decisão trará bênção ou não. A oração me dá a confiança de que a decisão resultará em bênção. Assim, posso deixar de ficar repensando se a decisão realmente foi adequada; confio que Deus permitirá que ela possa trazer bênção para mim e as pessoas com que convivo.

Isto se aplica a decisões que tomamos na empresa. Não é possível garantir, através de argumentos e deliberações, que a opção por determinado produto ou estratégia seja a adequada.

Não temos garantia de que nossa decisão resultará em bênção. Na oração, eu confio a Deus o que Ele fará das minhas decisões. Mesmo se a minha decisão não tiver sido ótima, Deus pode fazer com que ela resulte em bênção. Essa confiança evita que eu continue repensando o resultado das decisões. Entrego a minha decisão a Deus, com a confiança de que ela esteja abençoada e que possa trazer bênção para muitas pessoas.

Caminhos de exercícios concretos

Há ajudas concretas para as grandes decisões que afetam a minha vida futura – a decisão em relação a um relacionamento, a opção por uma profissão, a decisão de uma mudança de domicílio, a opção por um caminho celibatário. Na sequência, gostaria de descrever três ajudas.

A primeira consiste em imaginar o futuro: em dez anos, vivo com esta parceira ou sem ela. Quais são os sentimentos que surgem ao imaginar que convivo com esta pessoa? E o que sinto ao imaginar o futuro sem ela?

Ou, eu imagino que: em cinco anos ainda estou com esta profissão. Como estarei? Ou estou em novo local de trabalho que me foi proposto agora. Quais são os sentimentos que surgem? Então comparo os sentimentos em relação a cada alternativa. Lá, onde flui mais paz, vivacidade, liberdade e mais amor, também está o convite para a minha decisão. Por outro lado, se, numa alternativa, predominarem medo e receios, é sinal de que este não é o meu caminho.

Posso perguntar ainda: Qual é a vontade de Deus? Os monges antigos desenvolveram um ensinamento para diferenciação dos espíritos. Eles distinguem a vontade de Deus da vontade dos demônios. Eles diferenciam os pensamentos que vêm de Deus dos que vêm dos demônios e de si mesmo. Para discernir de onde vêm os pensamentos, podemos estar atentos à qualidade de nossa alma, à maneira como ela reage aos pensamentos. Pensamentos vindos de Deus transmitem paz, liberdade, vivacidade e amor; pensamentos que vêm dos demônios – talvez seria melhor dizer que se originam do superego, provocam medo e aperto em mim – esses me transmitem o sentimento de *stress*. Eu me sinto tenso. Eu me contraio interiormente. Os pensamentos que se originam de mim dispersam, são descomprometidos. Passeio pelos espaços destes pensamentos sem comprometer-me. Tais pensamentos não centram; ao contrário, eles dissolvem o meu ser.

A distinção que os monges faziam entre os espíritos pode contribuir para as nossas decisões. Lá onde estão estas quatro qualidades da alma: paz, liberdade, vivacidade e amor – naquela direção devo me decidir. Lá está a bênção de Deus para mim.

As quatro qualidades da alma representam aquilo que a Bíblia sempre descreve como característica do Espírito de Jesus. E Jesus diz: "Eu sou o Caminho, a Verdade e a Vida" (Jo 14,6). Onde houver vivacidade, Jesus está com o seu espírito.

O Apóstolo Paulo assim se refere a Jesus: "O Senhor é o Espírito, e onde está o Espírito do Senhor há liberdade" (2Cor 3,17). Na Epístola aos Gálatas Paulo cita entre os frutos do espírito, principalmente, o amor e a paz.

Poder-se-ia adotar, ainda, os outros frutos do Espírito como critério para observar se o Espírito Santo está presente na decisão ou, que decidimos segundo a ação do Espírito Santo: "Os frutos do Espírito são: amor, alegria, paz, paciência, afabilidade, bondade, fidelidade, mansidão e continência" (Gl 5,22). Estes nove frutos correspondem ao desdobramento dos quatro critérios já mencionados para uma decisão na presença do Espírito Santo. A alegria e a amplidão interior, a fidelidade e a afabilidade interpretam o amor e a liberdade interior.

O segundo auxílio e exercício se processam de maneira semelhante ao primeiro, mas a minha imaginação se desloca temporalmente. Por exemplo, passo dois dias convivendo com o pensamento de uma firme decisão tomada. Decidi ir para o convento ou decidi continuar com o meu emprego. Levanto com o pensamento de ter-me decidido e assumo a ideia. No café da manhã aceito a ideia e, quando vou caminhar, está claro que minha decisão foi tomada. Nas conversas, tenho sempre presente a decisão. Então anoto os sentimentos que experimentei naqueles dias. Em seguida, passo o meu dia com a outra decisão. Levanto com o pensamento: Eu decidi contra o convento ou contra aquele local de trabalho. Então a ideia de viver essa alternativa vai me acompanhar – no café da manhã, no trabalho e no tempo livre –, enfim, em todo lugar. E, passados os dois dias, anoto os pensamentos que me vieram durante a experiência. Depois vou comparar os meus sentimentos que tive respectivamente nesses dois dias. E minha alma quer decidir-se para onde os sentimentos de paz, liberdade, vivacidade e amor predominam.

É possível que o exercício ainda não traga clareza. Nesse caso, é importante aguardar. Às vezes, convém fixarmos prazos nos quais devemos nos decidir. Mesmo assim, nossa decisão não virá fácil. E a pressão também não ajudará em nada. Precisamos de paciência.

Já me aconteceu de perceber que este exercício foi o ponto de partida para um processo decisório. Na primeira vez, a decisão estava mais para a permanência no convento, no local de trabalho ou no casamento. Mas com o tempo foi se cristalizando outra decisão.

É importante que em determinado ponto haja clareza. Para isso são necessárias ambas as coisas: a paciência para deixar amadurecer uma decisão e a coragem para tomar a decisão. Em determinado momento eu tenho que me lançar. O problema é que não posso forçar decisões fundamentais em minha vida através de um prazo estabelecido. De um lado é confortável pensar que: em três semanas tenho que me decidir. Mas pude observar, também, que um limite de tempo exerce muita pressão sobre as pessoas. E essa pressão não foi favorável para chegar a uma decisão livre. Por um lado, devo desafiar-me; por outro lado, é necessário conceder-me o tempo para preparar-me para o salto, quando este salto realmente me levar adiante.

Uma terceira ajuda e exercício consiste em confiar nos sonhos e imagens que Deus nos envia. Posso pedir que Deus me envie um sonho para ajudar em minha decisão. Pessoas há que têm uma determinada certeza sobre aquilo que os sonhos lhes gostariam de dizer. Por exemplo, uma senhora havia recebido uma oferta de trabalho como bibliotecária. Durante a noite ela sonhou que reinava o caos naquele local e ela decidiu contra aquele emprego, embora a mudança lhe tivesse trazido vantagens financeiras. O sonho provou que ela estava certa. Mais tarde ela soube que o clima de trabalho naquele local não era bom, ao mesmo tempo em que faltava definição de comando. Já para outras pessoas, os sonhos podem transmitir insegurança.

Carl Gustav Jung diz: Não se deve transferir a decisão ao sonho. Deve-se incluir o sonho na decisão. Trata-se de uma voz importante que quer ser ouvida. Mas depois, a decisão é coisa definida pela vontade, que considera o intelecto, o sentimento e as imagens interiores. Ao despertar de um sonho, muitos têm a certeza interior de que devem decidir de acordo. Nesse caso, é antes o sentimento do que a interpretação do sonho o que impulsiona a decisão.

O exemplo seguinte mostra como os sonhos podem ajudar no caminho da decisão. Há vários anos, veio a mim um jovem para um retiro individual. Nesse retiro ele pretendia tomar uma decisão sobre se deveria casar com a sua amiga ou separar-se dela. Os argumentos racionais não ajudavam. De um lado, ele se entendia bem com a amiga. Ambos trabalhavam com jovens e, nisso, eles estavam em sintonia. Mas ela não era a mulher dos seus sonhos pela qual estivesse bem apaixonado. Na semana dos exercícios espirituais ele teve dois sonhos importantes. No primeiro, sonhou que ele estava com a sua amiga a caminho do altar, quando de repente ele disse: "Não, eu não caso contigo". Mas, no final do sonho, estavam juntos diante do altar onde foi realizado o casamento. O outro sonho foi parecido. Ele discutiu com a sua amiga, foi embora e tomou um trem em que havia terroristas. Ele se uniu a eles e atirou com o seu fuzil para todos os lados. No final do sonho, novamente, ele estava na igreja no casamento com a sua amiga. Os sonhos ajudaram-no a decidir-se a ficar com sua amiga. Mas também lhe deram duas tarefas importantes. O primeiro sonho dizia: "Primeiro, deves poder dizer não antes de realmente poder dizer sim. "O jovem não se sentia realmente livre. Ele temia a reação dos jovens, pelos quais era responsável em sua função de diretor, se ele deixasse a sua amiga que todos conheciam. Muitas pessoas são influenciadas pelo que os outros poderiam dizer dessa ou daquela decisão. No entanto, quando eu me sinto livre para dizer não, o meu sim é um verdadeiro sim.

O segundo sonho dizia: antes de poder casar, primeiro deves tornar-te homem. O jovem era delicado e teve que entrar em contato com a sua agressão, com o seu lado masculino, antes de poder ser um parceiro verdadeiro. Nesse caso, ambos os sonhos mostraram um caminho ao jovem que era mais profundo do que argumentos racionais, fazendo com que ele pudesse decidir-se de coração pela sua amiga.

Nem sempre são sonhos noturnos que nos ajudam na decisão. Também podem ser imagens internas que nos surgem, mostrando, num plano mais profundo, como devemos nos decidir. É importante observar conscientemente essas imagens e tomar a decisão em base no motivo dessas imagens. Não devemos transferir a decisão às imagens.

Um médico veio a mim com a questão de assumir um consultório em uma cidade pequena ou a função de médico-chefe num hospital. Os motivos racionais não permitiam ver com clareza. Ambos os caminhos eram sensatos e viáveis. Assim eu o convidei a fechar os olhos para que observasse as imagens que surgiriam nele ao imaginar: Eu assumi o consultório. Após alguns minutos, ele abriu os olhos e contou que se viu sentado diante de uma escrivaninha grande e que estava bêbado. O médico não tinha problemas com bebida. Mas a imagem que lhe apareceu fez com que ficasse atento. Eu lhe disse para não decidir logo, e esperar mais uma noite. Mas que levasse a imagem a sério. Ao final ele decidiu não assumir o consultório e a realidade mostrou que a sua decisão fora a melhor. Ele seguiu nesse caminho e acabou tornando-se médico-chefe. Através das imagens, a sua alma o ajudou na decisão.

Infelizmente, para muitas pessoas, as imagens não são tão claras como foram para este médico. Convém não se aproximar de uma decisão somente com o intelecto, mas, também com o coração, pois ele pode indicar-nos o caminho com as imagens que fornece.

Estes métodos não devem ser entendidos como uma poção milagrosa que propicia sempre a decisão certa. É possível que não traga resultado concreto algum. Há vinte anos eu acompanho sacerdotes e membros de ordens religiosas na Recollectio-Haus de Münsterschwarzach. Muitas vezes eles vêm com dúvidas sobre como decidir: assumir ou não o sacerdócio, continuar ou não na paróquia em que estiveram nos últimos anos, permanecer ou não na vida em comunidade. Muitos ficam sob pressão interior, pois, após o período de doze semanas lá, deve-se saber claramente o que se quer e como será a vida no futuro. A intenção deles é decidir-se claramente para sempre. Assim sentem-se sob pressão, ainda mais que, muitas vezes, após nove semanas ainda não têm clareza. Então eu tento passar-lhes a mensagem de que não precisam tomar uma decisão para toda a sua vida. O que deve ser decidido é o que eles pretendem fazer após estas doze semanas – se querem voltar para a sua paróquia ou se preferem pedir uma transferência ou um afastamento mais longo ao seu superior. Quer dizer: eles devem decidir se querem retornar à ordem ou se preferem solicitar uma licença para disporem de mais tempo e analisar.

Em todas as decisões devemos levar em conta a nossa alma. Acontece que muitos membros de ordens religiosas ou sacerdotes optaram rápido demais pelo seu caminho. Agora, conviria utilizarem o tempo para confiar no que está amadurecendo dentro deles. No acompanhamento, podemos sentir se, realmente, está na hora de uma decisão de vida ou se o acompanhado deveria tomar mais tempo e espaço.

Do mesmo modo que o visitante precisa de liberdade interior para poder decidir bem, também eu, como acompanhante, devo ter esta liberdade. Como acompanhante, eu preciso da indiferença que Santo Inácio de Loyola requer do praticante. Posso sentir em mim a vontade de levar o hóspede em determinada direção. Está em mim a tendência de salvar uma vocação sacerdotal ou religiosa. Mas tenho que libertar-me dos meus próprios desejos. Pois o que importa é aquilo que traz mais fruto ou consolo para o outro, aquilo que o leva ao caminho rumo a maior vivacidade, liberdade, paz e amor. A questão não é eu apresentar um bom resultado do meu acompanhamento, devolver ao bispo um sacerdote ou à ordem uma religiosa. Importa, unicamente, a vontade de Deus para este homem ou esta mulher e todos os desejos egocêntricos devem desaparecer.

5

Decisão e responsabilidade

Com cada decisão assumo a responsabilidade pelas consequências que dela resultam.

Há pessoas com dificuldade de decidir porque se recusam a assumir a responsabilidade pela sua ação. Elas preferem ficar no papel de passivo de expectador. Uma vez tomada a decisão, somos responsáveis por ela. A responsabilidade não se refere somente à decisão em si, mas às suas consequências também.

O sociólogo Max Weber foi o primeiro a distinguir entre ética de maneira de pensar e de responsabilidade. Não é suficiente ser digno nas convicções. Sempre somos responsáveis pelas consequências de nossas ações.

O filósofo judeu Hans Jonas fez da responsabilidade o centro de sua filosofia. Ele intitula a obra principal de sua filosofia: *O princípio de responsabilidade*. O ser humano, por sua natureza, é responsável. Responsabilidade refere-se à resposta. O ser humano responde a um chamado de Deus. Ele dá uma resposta através de sua vida. E responsabilidade está ligada à personalidade do ser humano. Como pessoa, eu respondo à pergunta de outro, em última análise, a Deus. Dizemos que agimos de maneira responsável para com a criação. Mas, no fundo, sempre é a responsabilidade para com um "tu" diante de nós, responsabilidade diante do criador que nos entregou a criação, para que dela cuidemos.

O Antigo Testamento nos coloca três perguntas fundamentais que devemos responder.

A primeira é a pergunta de Deus a Adão: "Onde estás?" (Gn 3,9). É a questão sobre onde estamos e por que agimos desta maneira. Adão, o primeiro homem, esconde-se de Deus. Ele está com sentimentos de culpa e gostaria de fugir à responsabilidade por sua ação. Trata-se de um mecanismo bastante conhecido por nós. Em vez de assumirmos a responsabilidade, sentimo-nos sempre como vítimas. A culpa é sempre dos outros. Culpamos os outros, quando a responsabilidade seria nossa.

A segunda pergunta de Deus é dirigida a Caim, após haver assassinado seu irmão: "Onde está o teu irmão Abel?" (Gn 4,9). Também Caim se esquiva. Ele responde: "Não sei. Acaso sou o guarda de meu irmão?" (Gn 4,9). Deus lembra Caim que ele é responsável por seu irmão e por sua atitude em relação a ele. Também Caim se exime dessa responsabilidade. E, justamente por negar essa responsabilidade, ele andará sem sossego e sem paz pelo mundo.

Ele não terá mais paz, porque a sua consciência não lhe dá trégua. Aquele que nega a responsabilidade por seus irmãos vive sem sossego. Ele rompeu a ligação com eles e está isolado. E, por ter perdido a ligação com seus irmãos, sente-se excluído e acaba fugindo de si mesmo e das consequências de sua atitude.

A terceira pergunta que Deus coloca aos homens é uma questão de missão. Deus pergunta a Isaías: "Quem enviarei, e quem irá por nós?" O profeta está disposto a responder: "Aqui estou, envia-me!" (Is 6,8). Inicialmente, o profeta reluta contra a missão que lhe fora confiada, dizendo: "Ah! Senhor DEUS, eu não sei falar, porque ainda sou jovem!" (Jr 1,6). Mas a desculpa não vale para Deus: "Não digas: 'Sou ainda um jovem!' Porque irás a quem eu te enviar e falarás o que eu te ordenar. Não os temas, porque eu estou contigo para te proteger – oráculo do SENHOR" (Jr 1,7s.). Responsabilidade significa responder ao chamado dirigido a mim por Deus. Não se trata somente de assumir a responsabilidade por mim e minha vida, e, sim, responder ao chamado que me envia ao mundo, atribuindo-me uma tarefa de contribuir para a formação deste mundo.

Assim, com cada decisão assumimos a responsabilidade para a consequência que dela resulta. Hans Jonas diz que não somos somente responsáveis pelas consequências do nosso agir, ao mesmo tempo devemos assumir a responsabilidade por este mundo prospectivamente. Em cada decisão devemos olhar para o futuro para avaliar as consequências que ela acarretaria para nós, para os outros seres humanos e para a criação. Hans Jonas estabelece o princípio: "Age da maneira que os efeitos de tua ação sejam compatíveis com a permanência de vida humana verdadeira na terra".

Para Hans Jonas a responsabilidade dos pais corresponde à imagem arquetípica para toda responsabilidade. Os pais assumem a responsabilidade pela criança inteira – por seu corpo e sua alma, seu bem-estar no momento e por seu crescimento futuro (cf. JONAS, 2003: 189s.). Eles são responsáveis pela educação, pelo caráter, pelo saber e pelo comportamento da criança. Do mesmo modo, a imagem se aplica à responsabilidade que assumimos por toda decisão que tomamos. Assumimos a responsabilidade pelo momento, mas também pelo futuro. Criamos um espaço onde algo pode crescer. Nós assumimos a responsabilidade por nós, por nosso corpo e nossa alma e pelas pessoas que nos cercam.

Se bem que essa responsabilidade tem um limite. Somos responsáveis somente por nossa decisão. Mas como as pessoas em nosso meio se decidem com base em nosso agir, é responsabilidade delas. Há também as pessoas que se sentem responsáveis por tudo e, assim, exigem demais de si mesmas. Os primogênitos costumam sentir-se responsáveis por tudo. Na família, eles aprenderam a ser responsáveis pelos irmãos mais novos ajudando-os. Existe o perigo de continuarem a se sentir responsáveis pelas pessoas a seu redor, como se fossem seus irmãos mais novos. Porém, as pessoas que as cercam são adultas e responsáveis por suas ações. Então é importante assumir a responsabilidade pelo outro, sem sentir-se totalmente responsável. Onde a minha responsabilidade pelo outro desafia a sua própria responsabilidade? Onde devo deixar que ele mesmo assuma a sua responsabilidade?

Para muitos é difícil decidir porque receiam os efeitos de uma decisão. Eles têm medo de, com a sua decisão, assumir a responsabilidade por algo que não conseguem prever, uma vez que algum dano poderia advir para eles e para o seu meio. Então, preferem não decidir.

Acontece que evitar uma decisão não beneficia a ninguém. Numa empresa, quem não decide, deixando as coisas tomarem seu rumo, acaba prejudicando os colaboradores, porque as coisas não avançam. Quando os pais decidem contra a vontade de seus filhos, estes podem se rebelar ou aceitar a decisão. Por outro lado, quando não há decisão dos pais, os filhos vivem num espaço sem contornos, nada pode crescer e não se desenvolve uma forma.

Certamente há coisas que preferimos deixar crescer sem termos que decidir sobre elas. Mas em muitos campos a falta de decisão paralisa o crescimento, o crescimento pessoal, bem como o crescimento numa comunidade, numa empresa, ou numa sociedade.

Na história, políticos e generais cunharam muitas vezes o futuro de seu país através de uma decisão intuitiva. Na abertura da DDR (República Democrática Alemã), Helmut Kohl colheu a oportunidade para, numa rápida decisão, cunhar a paisagem política. Às vezes é a intuição de alguém que forma o futuro, outras vezes é uma teoria levantada por alguém. Filipe da Macedônia e Alexandre o Grande marcaram o futuro do mundo com decisões intuitivas; Lenin e Karl Marx, com a teoria que desenvolveram. Mas, para tanto, havia uma decisão também: a de anotar os pensamentos que se formavam em seu interior, transmitindo-os ao mundo.

Tudo que fazemos tem seus efeitos sobre o mundo. Cada pensamento que externamos age sobre o mundo. Fato que

Albert Einstein resumiu assim: "Uma vez que o pensamento foi externado, não existe retorno". Ele desenvolve o seu efeito na mente das pessoas e, finalmente, na sociedade.

Do mesmo modo, as nossas decisões cotidianas agem sobre o nosso meio. Se eu escolho a alegria ou o mau humor, não diz respeito somente a mim – acaba agindo sobre o meu meio e, em última análise, no mundo todo. Quer dizer que, tanto através das nossas decisões do dia a dia, quanto nas decisões por uma ação e nas decisões por um pensamento ou sentimento, estamos assumindo a responsabilidade por nós e pelo mundo. Responsabilidade significa, ainda, que as nossas decisões produzem um efeito sobre o mundo. Assim, tudo o que parte de nós em pensamentos, sentimentos, obras e emanação, contribui para agir em nosso meio. Não é indiferente deixarmo-nos dominar por pensamentos agressivos e destrutivos, ou nos empenharmos para ficar em harmonia conosco.

Através de tudo que fazemos e somos, deixamos uma pegada que marca este mundo. E, em tudo que fazemos e pensamos, existe sempre a relação para com os outros.

É nossa tarefa tornar mais humano e mais amoroso este mundo. O dramaturgo grego Sófocles já o reconheceu em sua tragédia *Antígona*, apontando para a responsabilidade dos homens: "Estou aqui não para odiar, mas para amar". Eu tenho que optar por esta alternativa. Somente então poderei difundir bênção. E decidindo-me a odiar fluirá infortúnio de mim.

6

Decisão e ritual

Para algumas pessoas, ter que tomar decisões o tempo todo sobre alguma coisa chega a ser bem estressante. Elas precisam decidir todo dia a que horas levantar, o que fazer após levantar, como preparar o café da manhã ou se devem fazer uma coisa ou outra. Nesse caso, os rituais tornam as coisas mais simples.

Os rituais estruturam a vida. Pois, um ritual matinal definido libera de decidir cada vez a que horas levantar e como começar o dia. Alguns entendem que os rituais poderiam transformar-se em ações vazias, levando a viver sem tomar as decisões necessárias. Por isso, deve haver uma saudável tensão entre rituais e decisões.

Convém tomar decisões com relação aos rituais também. É da responsabilidade de cada um a forma como organiza o seu dia. E, uma vez que adotamos determinado ritual, a decisão de como passar o dia deixa de ser necessária. Assim, os rituais eliminam a pressão de, constantemente, termos que tomar uma decisão a favor ou contra alguma coisa.

No entanto, os rituais podem tornar-se vazios, levando-nos a viver sempre a mesma rotina, sem a necessária tomada de decisões que a vida requer. Os rituais deveriam nos proporcionar um determinado espaço, não para fugirmos das decisões, mas para que as façamos partindo de uma liberdade interior.

Algumas pessoas acreditam que os rituais resultam numa vida inconsciente e que tudo se desenrola da mesma maneira. Só que não é este o sentido dos rituais. Eles são um convite para organizar a nossa vida, dando-lhe uma forma definida. Pois o crescimento requer uma forma. Sem forma não há crescimento, o que vale para a natureza também. Os rituais são uma maneira de imitar o crescimento na natureza. Eles estabelecem uma estrutura que nos faz bem.

Mesmo assim, sempre vão surgir situações em que temos que optar. Se quando pretendo iniciar a minha meditação matinal eu receber um pedido de socorro de um amigo, ou ouvir um choro de criança – então preciso decidir o que é mais importante: o meu ritual diário, a criança, ou meu amigo. E quando, realmente quiser iniciar a minha meditação, é aconselhável desligar o telefone ou ligar a secretária eletrônica por esse período, para poder meditar sem ser interrompido. Temos necessidade de períodos em que nos resguardamos de interrupções, e isso requer um bom equilíbrio entre proteger nosso tempo e estar disponíveis para novas situações.

Roger Schutz, o falecido prior da Comunidade de Taizé, referindo-se às ordens tradicionais, declarou invejar, às vezes, as ordens por seus rituais e tradições firmes, por facilitarem a vida. Pois, decidir diariamente como organizar a vida conjunta em Taizé seria bastante cansativo.

Muitos visitantes, que compartilham o nosso ritmo cotidiano no mosteiro de Münsterschwarzach, sentem que esse ritmo definido lhes faz bem. Não significa simplesmente viver, mas é uma vida moldada. Mesmo assim, essa vida estruturada, sempre requer decisões: seja pela vida, pela alegria, contra o papel de vítima ou contra os sentimentos negativos que nos invadem, ou ainda quanto à organização concreta do nosso dia a dia.

Os rituais abrem espaço para as decisões importantes e inevitáveis e nos liberam das decisões sobre assuntos exteriores – como a organização do dia, dando-nos força para o que importa em nossa vida. Mas, ao mesmo tempo em que pratico os rituais, também decido sobre a minha vida. Eu moldo a minha vida e não deixo que ela me seja imposta por outros.

Durante o trabalho, percebo que, às vezes fico absorto em coisas exteriores: na organização, em conversas, respondendo a e-mails. Os rituais me fazem retornar do exterior, para o interior, para o meu centro. E, quando estou centrado, percebo que as decisões partem do meu centro também.

Muitas vezes minhas decisões nada mais são do que reações a solicitações que requerem uma resposta afirmativa ou negativa somente. Nestes casos, é uma arte decidir-se, de forma rápida, facilitando a vida. No entanto, às vezes, sinto-me cansado de ter que decidir constantemente e, quando, através de um ritual, consigo entrar em contato com meu íntimo, sinto crescer uma leveza interior. Então, estou conectado com a minha intuição e, a partir dela, consigo decidir as questões menores rapidamente, sem ficar sob pressão.

Os rituais não liberam somente das decisões a serem tomadas diariamente. Podem também auxiliar nas tomadas de decisão. No mosteiro temos rituais nas decisões que devemos tomar. Há determinadas questões sobre as quais devemos decidir em conjunto, como sobre a admissão de um jovem irmão para os seus votos, a decisão sobre um projeto de construção ou a aceitação de novos compromissos. Quando uma decisão precisa ser tomada, o abade apresenta o problema ao convento, o assunto é discutido e depois há uma votação secreta. Cada um recebe um bilhete em que consta o "sim" e o "não" – ele assinala, dando o seu voto.

No Conselho Superior, o nosso grêmio que dá suporte ao abade em questões de direção, há outro ritual para tomar decisões: Após a discussão cada solicitação é formulada novamente. Cada membro do grêmio recebe uma bola preta e uma branca. Aquele que concorda coloca a bola branca num recipiente fechado e, quem discorda, coloca a preta. Então o abade abre o recipiente e verifica o número de bolas de cada cor.

Cada grupo ou Estado tem as eleições que são realizadas de acordo com rituais determinados e aquele que é eleito, é questionado se aceita a escolha. É o momento em que ele tem que decidir.

Há ainda outras formas de rituais que nos ajudam a tomar decisões pessoais. Nós colocamos prazos para uma decisão – dizemos: "Eu preciso de uma noite de sono para decidir sobre o assunto". Ou rezamos primeiro. Isto é um ritual. Em assuntos importantes não decidimos sem fazer uso de determinados rituais, como buscar o silêncio, rezar ou pedir que os outros rezem.

Pode ser um ritual também, o de não decidir ao telefone sobre uma solicitação recebida, dizendo: "Vou examinar a questão e retorno amanhã". E faz parte do ritual de resposta que eu não dê uma explicação para a minha aceitação ou recusa, dizendo simplesmente: "Eu aceito" ou "Eu recuso". Tentar justificar-me vai resultar numa conversa inútil.

A resposta ritualizada oferece clareza, protegendo-me de ser surpreendido ao telefone.

Antigamente, as decisões que não envolviam o intelecto eram decididas na sorte e, com isso, expressava-se que a decisão era entregue a Deus. Foi assim que os apóstolos tiraram a sorte sobre quem deveria substituir Judas no lugar do décimo segundo apóstolo. Mas antes eles rezaram: "Senhor, Tu que conheces os corações de todos, mostra qual destes dois escolheste para ocupar o lugar neste ministério e apostolado" (At 1,24).

Nos dias de hoje há pessoas que realizam outros rituais antes de decisões. Percorrem o Caminho de Santiago antes de decidir entrar no convento, casar ou mudar de emprego. Alguns fazem uma peregrinação e outros acendem uma vela, buscando clareza para os seus pensamentos e há os que fazem uma caminhada para clarear as ideias, para depois decidir.

Frequentemente colocamos curtos espaços de tempo entre a solicitação e a decisão. Ou, então, uma parada para ouvir o nosso íntimo pode ser uma ajuda também. Cada um tem seus rituais de ajuda para, não somente, tomar a decisão de forma racional, mas para permitir que no fundo da alma cresça a confiança de tomar a decisão certa.

São conhecidos os rituais que documentam uma decisão externamente. O casamento em cartório é um deles, mas mais marcante é o ritual do casamento religioso. É assim que uma decisão interior a favor do parceiro ou da parceira é expressa diante de testemunhas e convidados. Ritual este que não vem a ser uma celebração exterior somente. O conselheiro matrimonial Hans Jellouschek diz que: "um ato de ritual simbólico e oficial pode ser uma grande ajuda para a incorporação da decisão do casal, marcando de maneira decisiva a passagem para uma nova fase de vida. Por isso, um ritual realizado oficialmente e comunitariamente é de valor inestimável (JELLOUSCHEK, 2005: 56).

O mesmo vale também para outros rituais que tornam pública uma decisão como, por exemplo, a ordenação de um sacerdote, de um abade, ou, ainda, a posse de um prefeito ou ministro.

Aparentemente, os rituais conferem a energia necessária para assumir a decisão tomada. E cria-se um sentimento de responsabilidade para com as pessoas diante das quais foi realizado o ritual. Ou seja, decidi-me agora por este papel, por esta tarefa e assumo a responsabilidade pela mesma.

7

As diversas espécies de decisão

Quando falamos de decisões, o entendimento dos significados podem ser bastante diversos. Há as grandes decisões de vida que exigem longa reflexão – afinal nos comprometemos por toda a vida. Existem as decisões que devemos tomar, constantemente, em nosso trabalho; no dia a dia de um modo geral, estamos sempre diante de situações de escolhas: quanto a relacionamentos, destinos de viagem, ou ainda se convém dizer ou fazer isso ou aquilo. E há a decisão de vida. São decisões fundamentais que dependem de uma determinada postura diante da vida. São estas diferentes decisões que agora gostaria de analisar.

Decisões vitais

As decisões de vida não podem ser tomadas por intuição. Elas requerem tempo. Elas envolvem o comprometimento com o futuro. Há uma grande diferença entre decidir casar-me ou assumir uma vida celibatária. O meu futuro vai depender da minha decisão entre romper um relacionamento e partir por outro caminho. São igualmente decisões de vida, para alguns, ficar por alguns anos no exterior para lá trabalhar ou prestar ajuda no desenvolvimento de uma comunidade; iniciar este ou aquele curso, ou orientar-me profissionalmente nesta ou naquela direção. Tais decisões demandam tempo. No entanto, como já foi dito aqui, há pessoas que as evitam. E quando escuto: "Eu gostaria de entrar para o convento, só que agora ainda é cedo. Eu ainda tenho que cuidar de meus pais" – quer me parecer que se trata de uma desculpa. Quem fala assim, dificilmente se decidirá.

Neste sentido, lembro da palavra de Jesus, dizendo a alguém que queria segui-lo, mas que primeiro queria enterrar o pai: "Deixa que os mortos enterrem os seus mortos; tu, porém, vai e anuncia o Reino de Deus" (Lc 9,60). Alguns protelam a sua decisão até o falecimento de seus pais. E, então, pode ser tarde demais para ainda tomar uma decisão livre. A maioria das portas pode estar fechada.

Existe o momento certo para a decisão de vida, e se eu o deixar passar – a vida, na verdade, foi que tomou a decisão por mim. Então, sou condicionado por fatores externos. Acabo "sendo vivido" ao invés de eu mesmo viver.

Alguns não têm coragem para optar pela profissão que gostariam de seguir. Levam em consideração os seus pais que ainda necessitam deles. A decisão de cuidar dos pais não deixa de ser louvável. Mas, neste caso, também tenho que estar consciente daquilo que deixei de escolher. Somente desta maneira posso seguir bem com a minha decisão. Porque, do contrário, consciente ou inconscientemente, vou culpar meus pais porque não pude estudar no exterior ou exercer a profissão que desejava.

Em cada decisão, tenho que ter clareza sobre as consequências envolvidas e ter consciência das possibilidades que perderei com essa escolha. Somente desta maneira posso dedicar-me integralmente às coisas pelas quais optei.

Outras pessoas têm a intenção de tomar uma decisão para o seu futuro, mas querem garantir-se de todas as maneiras. Antes de se decidir elas querem convencer seus pais de que sua opção é correta, ou ainda buscam a concordância de seus amigos.

Lucas visualiza uma situação parecida, ao contar sobre um homem que quer seguir Jesus, mas que diz: "Eu te seguirei, Senhor, mas deixa-me antes despedir-me de minha família" (Lc 9,61).

Para mim, estas palavras significam que o homem queria a concordância da família para o seu passo. Ao mesmo tempo em que ele quer seguir o seu caminho, ele também busca a aquiescência de seus amigos e parentes. Jesus responde a ele, de forma radical: "Ninguém que põe a mão no arado e olha para trás serve para o Reino de Deus" (Lc 9,62). Com estas palavras Jesus nos convida a confiar na própria intuição. Quando sentimos que a decisão é certa, devemos tomá-la sem tentar assegurar-nos de todas as maneiras.

Decisão significa, ainda, que posso não ser compreendido por outros e que, nem sempre, encontrarei consenso.

Assim, a decisão pode levar à solidão. Ela pode fazer com que eu fique à margem do grupo de apoio. Mesmo assim, o impulso interno é tão forte que devo segui-lo e a decisão requer que eu olhe para frente. Cada vez que eu olhar para trás para conferir se a minha decisão estava certa – o traçado do meu arado vai ficar torto. Somente olhando para frente vou conseguir um sulco firme no campo da minha vida. Sempre convém pedir conselhos antes de decisões de vida importantes. Mas não devemos deixar a decisão para quem nos acompanha ou para o conselheiro. Tudo que o outro pode nos transmitir é o seu ponto de vista ou sentimento. A decisão é nossa.

Toda decisão traz consigo o momento em que, simplesmente, temos que dar o salto. Não podemos ter certeza absoluta se devemos entrar para o convento ou casar; se devemos casar com esta amiga ou dela separar-nos. Devemos refletir profundamente sobre a questão, devemos rezar e trocar de ideias com outras pessoas. Mas nunca devemos perguntar ao outro: "Qual seria a tua decisão?"

Mas convém permitir que os outros nos questionem sobre a nossa escolha. O outro nos confronta com os nossos motivos. Por exemplo, ele pode perguntar se uma decisão pelo convento pode estar motivada por medo do mundo ou de um relacionamento. Ele nos pergunta quais os motivos que nos fazem decidir a favor ou contra um relacionamento. Seria o medo de ficar solitário? Ou seria o medo de onerar alguém com toda a nossa verdade? Ou temos medo de expor nossa verdade? Preferimos nos esconder do outro na ausência de compromisso? Ou queremos ambas as coisas ao mesmo tempo: não ficarmos solitários e, mesmo assim, livres, deixando uma porta aberta? Nossas dúvidas quanto à decisão pelo outro seriam sinais de que deveríamos nos separar? Ou seriam a expressão de expectativas exageradas em relação ao outro?

Em nossas conjecturas, nem sempre progredimos. É necessário que alguém nos confronte com o espelho, para podermos avaliar melhor nossos motivos e pensamentos.

Nessas decisões de vida é importante enumerar todos os motivos a favor ou contra.

Então podemos verificar se a relação dos "prós" é maior do que a dos "contras". Se bem que não devemos ficar somente com os motivos racionais.

O próximo passo seria analisar os motivos: Por que quero ir para um país estrangeiro? Por que quero optar por esta profissão ou aquele cargo? É a ambição que me impulsiona, ou uma motivação interior? É a atração pelo novo, ou o desejo de aventura? Todos estes motivos são possíveis.

Não devemos pensar que temos somente motivos puros. Nossos motivos sempre estão mesclados. E com todos estes motivos conviria perguntar qual é o meu motivo principal e se este motivo é realmente válido. Então podemos falar com Deus sobre nossas motivações. A motivação corresponde ao desejo divino? Neste caminho queremos estar permeáveis a Deus ou simplesmente nos autoafirmarmos?

Mesmo que haja em jogo muita ambição, pode fazer sentido optar por uma determinada carreira. Pois, quanto mais influência eu tiver, mais posso realizar neste mundo.

E, quanto mais poder eu tiver, posso empregá-lo de maneira útil. Importa somente que, em minha ambição e vaidade, eu me torne permeável a Deus. Eu reconheço que nisso está envolvida uma parte de ambição, desejo de poder e curiosidade. Mas, ao mesmo tempo, tento tornar-me conscientemente permeável a Deus. Digo para mim: "Não se trata de mim, mas que o Reino de Deus se torne visível e que Deus possa agir mais e de forma mais efetiva através de mim".

Encontro muitas pessoas com dificuldade de decidir em relação à profissão. Preferem ficar numa posição inferior em uma empresa, mesmo quando recebem uma proposta melhor em outra. Têm receio de estar pensando muito na carreira e preferem continuar modestos. Mas a carreira em si não é algo ruim, apenas demonstra que assumo mais responsabilidade e que, com isso, posso realizar mais. Quanto mais poder eu tiver, mais posso utilizá-lo para o bem da humanidade. Ao invés de rejeitar categoricamente poder e carreira, deveríamos fazer com que fossem impregnados do espírito de Jesus. No meu poder e com o meu poder sirvo aos homens no espírito de Jesus.

Todos os métodos vistos acima – oração, silêncio, analisar as diversas alternativas, observar os sentimentos, podem auxiliar numa decisão de vida. Porém, independentemente do método utilizado, acaba chegando o momento em que temos que optar. E, ressalto novamente, não podemos protelar a decisão durante toda a nossa vida. É preciso dar o salto com a confiança de que a decisão nos leve adiante. Se as consequências nos tornarão felizes, não é o fator primordial.

Primordial é a nossa confiança de conseguirmos progredir interiormente neste caminho, de que este é um caminho de transformação no qual alcançamos a nossa verdade, a imagem única e original que Deus fez de nós.

Decisões no relacionamento

No relacionamento pode surgir uma crise, quando um dos parceiros tem dificuldade para decidir-se – o que pode começar com as escolhas cotidianas. Por exemplo, um homem fala que deveria vender o seu carro. Só que já faz cinco anos que ele fala, mas não age e a mulher tem a impressão de que deveria lembrá-lo disso o tempo todo. Mas, com o passar do tempo, lembrá-lo constantemente e sem resultado faz com que ela desista. E, muitas vezes, é ela que tem que tomar a decisão, porque o homem não consegue decidir-se.

Conviver com um parceiro indeciso, com o tempo torna-se cansativo. Sente-se falta do comprometimento e de clareza e não dá mais para confiar. Porque o outro diz algo, mas não decide a respeito. Por exemplo, o homem promete que vai trabalhar menos, para ter mais tempo para sua esposa. No entanto, nada acontece para cumprir a promessa. Essas experiências vão cansando a esposa. Ela perde a vontade de lutar. Ela não confia mais no marido, pois nada vê do que ele prometeu.

Ao lado dos cônjuges com dificuldade de decidir há também aqueles que decidem tudo. Eles decidem o que deve ser adquirido no lar, eles decidem para onde viajar nas férias e o que se fará no final de semana. Às vezes, o parceiro ou parceira ficam bem com a situação. Geralmente é o marido que assume as decisões. A necessidade e vontade de decisão – característica de sua profissão – ele a transporta para o seu casamento.

Em determinado momento a esposa sente-se sem voz. Os seus desejos não são considerados e ela tem a impressão de que o marido decide por ela. É o momento de ela rebelar-se e esclarecer ao marido que deverão procurar um caminho para tomar as decisões de maneira equitativa. Somente quando ambos os parceiros têm a certeza de que estão participando nas decisões de seu relacionamento e da família, o casamento vai prosperar. Pois ambos sentem-se com direitos iguais.

Ouvi de uma senhora que nas decisões muitas vezes os compromissos são "podres" e não trazem felicidade para ninguém. Se um compromisso é podre ou se eu posso conviver com isso, é algo que sinto em meu íntimo. E eu posso confiar neste meu sentimento. Em vez de selar compromissos podres, o conselho do terapeuta conjugal Hans Jellouschek poderia ser útil. Ele sugere que os parceiros tentem o seguinte: Durante uma semana é a vez de o marido decidir o que ambos farão à noite e no final de semana. Já na outra semana, será a vez da esposa. O parceiro acompanha aquilo que foi sugerido e decidido pelo outro. Não se trata de falta de liberdade e podem ser feitas boas experiências, talvez inusitadas. O que importa é que cada um aceite de coração aquilo que o outro sugere. Cada casal deve encontrar um caminho próprio de lidar com as decisões cotidianas, de modo que cada qual se sinta valorizado e que ninguém se sinta prejudicado.

Mas no casamento não há somente as decisões cotidianas, e, sim, a decisão fundamental pelo companheiro, o que deixou de ser natural hoje em dia. Hans Jellouschek descreve uma concepção bastante difundida de que o amor deveria simplesmente acontecer e desenvolver-se e que as decisões apenas perturbariam o amor. O que ele intitula de "um tipo de ideia de crescimento de cunho biológico" (JELLOUSCHEK, 2005: 50).

No entanto, para Jellouschek há um fundo bastante ideológico nisso, que seria até compreensível, pois, antes, a decisão pelo casamento era tida como algo inquestionável, causando sofrimento para muitas pessoas. Porém, ao tendermos para o extremo oposto, sem ousar uma decisão pelo parceiro, resulta o que Jellouschek denomina, de forma um tanto sarcástica, de: "exemplo do par de namorados vencidos" (JELLOUSCHEK, 2005: 51).

Quando dois parceiros que vivem juntos, em caráter de experiência, nunca se decidem, acaba se formando um sentimento de tédio e decepção latente na relação. Se eles forem honestos, fora o hábito, nada mais os une. Mesmo que nada de especial tivesse acontecido, sem que um tivesse ferido outro, de algum modo o seu relacionamento está no fim, o seu amor 'ficou vencido'" (JELLOUSCHEK, 2005: 53). Muitos relacionamentos passam por uma crise porque foram edificados sobre a indecisão.

Hans Jellouschek também vê o amor conjugal como um processo, mas ele não considera como opostos o processo de crescimento e da decisão consciente, pois: "a decisão, o comprometimento e o dar forma fazem parte do desenvolvimento humano, assim como do relacionamento de casais e do amor conjugal" (JELLOUSCHEK, 2005: 54). O nosso "sim" para o outro muitas vezes é inconsciente. Mas ele deve tornar-se um "sim" consciente. "Somente após ter feito uma decisão consciente, deliberada e específica pelo outro, somente então cheguei completamente até ele; somente, então, o meu afeto tornar-se-á entrega também" (JELLOUSCHEK, 2005: 55). E, como nós homens somos seres corpóreos e sensuais, não basta tomar a decisão de forma consciente, ela deve ser demonstrada" (JELLOUSCHEK, 2005: 55).

Quando os conjugues se decidem conscientemente um pelo outro, esta decisão vai conferir nova qualidade à relação. E a decisão exteriorizada através de um ritual oficial favorece ainda mais o relacionamento. Acontece que no ritual está envolvido um compromisso e para muitos jovens o comprometimento é difícil hoje em dia. No entanto, "se, a princípio, eu rejeito o caráter de duração e de comprometimento, não estou me envolvendo inteiramente com a relação – já de início, eu a relativizo" (JELLOUSCHEK, 2005: 57).

Mas a decisão não é somente necessária no início de uma união. Quase em todas as uniões conjugais, em determinado momento, pode surgir a questão se convém continuar com o relacionamento ou não. Então, há que decidir a favor ou contra a união novamente. Também aqui há os parceiros que evitam a decisão e deixam as coisas como estão. Há os homens que, além da esposa, têm uma amante. A esposa sente-se ultrajada e pede que ele decida entre ela e a amante. Mas o homem não se decide. Ele quer manter o atual estado das coisas. Ele gostaria de representar o papel do pai fiel e marido correto em casa, ao mesmo tempo em que ele quer a liberdade de encontrar a sua amante a hora que quiser. Ele não reage à solicitação de sua esposa e também não estabelece um prazo para a sua decisão.

Numa situação como esta, é a esposa que tem que decidir-se em determinado momento. Como no caso da mulher que colocou as malas do marido para fora de casa e trocou a fechadura para que ele percebesse que a decisão era definitiva para ela. Na falta de decisão, os conjuges desgastam-se mutuamente. Então uma decisão clara e firme sempre é melhor do que nenhuma, mesmo que doa.

Muitos protelam a decisão com a justificativa: Enquanto as crianças ainda são pequenas, não podemos nos separar – o que não deixa de ser um motivo justo. Pois os pais são responsáveis pelos filhos, e o bem-estar deles é tão importante quanto o dos cônjuges. E, em determinados casos, pode ser benéfico para os pais postergar ou desistir da separação para juntos cuidarem dos filhos, dando-lhes a segurança de uma família.

Acontece que, nem sempre, este argumento é válido. Quando o relacionamento dos pais está comprometido, quando não há mais possibilidade de um convívio leal, conjunto ou lado a lado, quando prevalecem as ofensas e guerrinhas, também as crianças são afetadas.

Situação que vai prejudicá-las, fazendo-as sofrer. Nesse caso, é melhor para as crianças que os pais se separem.

É importante, porém, que os pais se separem de maneira leal. Alguns permanecem bons amigos, continuando a assumir a sua respectiva responsabilidade pelos filhos. Eles não usam os filhos em favor próprio, mas permanecem na responsabilidade. Alguns casais chegam a entender-se melhor após a separação do que quando conviviam lado a lado. A separação cria espaço. Mas, em determinado momento, também aí tem que ser tomada uma decisão – se os pais querem continuar separados e bons amigos, ou se é possível um recomeço conjunto na mesma casa.

Decisões no trabalho

Muitos administradores e gestores sentem-se sobrecarregados porque precisam tomar decisões constantemente. Os funcionários vêm perguntar se devem redigir o anúncio dessa ou daquela forma, o que responder à reclamação de um cliente, quais as empresas que devem escolher para encaminhar pedidos de compras. O administrador não tem como ficar pensando horas para decidir e o funcionário espera uma resposta rápida. Então ocorre que muitos chefes se sentem sob pressão. Eles receiam arcar com as consequências negativas, caso a sua decisão resulte improdutiva.

Um diretor de banco relatou que, nos dias atuais, cada vez mais bancários estavam se negando a decidir. Eles temem ser responsabilizados quando, por exemplo, um crédito não puder ser honrado. E, por causa desse medo, não são mais tomadas decisões. Ou são feitas exigências, nefastas à vida, em garantia pela decisão. Então, as empresas não conseguem mais crédito, porque não podem comprovar todas as garantias. Confiança e fé não valem mais. Porém, aquele que pretender garantia absoluta na concessão de um crédito, provavelmente nunca o concederá. Dessa maneira ele paralisa a economia e prejudica tanto a empresa quanto o seu banco – este em escala maior do que numa eventual impossibilidade de cobrança.

Na função de *ecônomo,* como administrador do mosteiro, tenho que tomar decisões constantemente. Por exemplo, em relação a obras da abadia. Nas reuniões de obras, discutimos sobre os trabalhos a serem realizados. Eu escuto o que os mestres dizem e muitas vezes concordamos com um caminho. Mas, às vezes, as opiniões dos mestres são controversas – cada qual defende a sua opinião, justa de certa forma. A discussão, em si, não traz clareza e, então, a decisão depende de mim. Certamente, não posso tomar a decisão de forma arbitrária. Eu considero os argumentos dos mestres e então decido por aquilo que mais me convence interiormente. Nesse processo, nem sempre é possível compreender só racionalmente todos os motivos. Muitas vezes, tenho que decidir intuitivamente.

Também na reunião de obras não podemos decidir todas as questões que vão surgindo no decorrer das obras. Assim, o eletricista consulta onde instalar os pontos de distribuição e os de tomadas. Eu lhe pergunto o que ele pensa e, nem sempre, ele tem certeza. Então ele espera uma decisão rápida de mim.

Se a cada decisão menor eu tivesse que consultar uma comissão, atrasaria as obras inutilmente. Naturalmente alguns confrades poderão criticar essa decisão. Mas é responsabilidade minha assumir tal decisão. Alguns podem julgar que a decisão deva ser revogada. Mas na maioria das vezes posso argumentar que, na verdade, não é tão importante se a tomada ficará aqui ou lá. Está decidido e assim permanece.

Somente quando uma decisão, realmente, demonstrar ser um empecilho, eu a revisarei. Operários necessitam de uma decisão clara. Eu tenho que tomá-la. Eu devo ouvir e analisar os argumentos. Mas depois fico atento à minha intuição e decido. Os meus confrades e colaboradores não entendem isso como autoritário, mas como ajuda para o esclarecimento. Igualmente não lhes agrada quando as decisões são proteladas, prejudicando o seu trabalho.

Os executivos, às vezes, queixam-se por ter que tomar decisões o tempo todo – e geralmente sob pressão. Muitas vezes não lhes resta tempo para ouvir sua intuição. Por exemplo, um colaborador lhes telefona inesperadamente e quer logo uma decisão. Um executivo não pode pensar muito. Ele tem que tomar uma decisão já. Às vezes lhe parece que também deveria tomar as decisões pelos colaboradores com dificuldade de decidir. O que, em última análise, é tarefa sua também. Ele deve estar consciente da sua responsabilidade e esta responsabilidade também significa estar disposto a tomar as decisões no lugar dos que têm dificuldade de fazê-lo.

É comum haver reuniões nas empresas para a tomada de decisões em conjunto. Mas muitos funcionários estão cansados destas reuniões infrutíferas porque se fala muito e alguns assuntos nunca se resolvem. Também há a experiência diferente: As reuniões se realizam sob premência de tempo.

A abertura se dá com a finalidade de buscar uma decisão sobre a estratégia, o produto, a campanha publicitária etc. Pode ocorrer que o executivo tem a sensação de que ainda não é hora para uma boa decisão. Só que a pressão, para tomar uma decisão ao final da reunião, existe. Então falta o tempo para amadurecer o processo decisório.

Durante um seminário administrativo para funcionários da Daimler, nosso abade participou de uma longa conversa. Os funcionários quiseram saber qual é o procedimento dos religiosos em relação a decisões. O abade explicou que as decisões importantes sempre são tomadas por todo o convento. Às vezes, quando percebe que numa dessas reuniões, uma votação poderia provocar um embate, ele prefere adiar a decisão. Uma semana depois ele marca nova reunião. No ínterim, algumas questões conflitantes podem ser resolvidas e os confrades dispõem de tempo para refletir sobre o projeto. As fortes emoções surgidas na primeira reunião podem se acalmar e, na segunda reunião, normalmente, a decisão é tomada por consenso.

Uma votação em clima de embate talvez deixasse bloqueados os confrades em minoria. Não se sentiriam considerados ou não participariam plenamente engajados na execução. Esse caso requer sabedoria, com a percepção para o momento. Quando a pressão é demasiada, dificilmente resulta uma boa decisão.

Uma tomada de decisão de grupo em uma empresa requer boas condições básicas. Uma condição seria um comunicado sobre a decisão a ser tomada, mas que houvesse um tempo adequado entre as discussões do grupo e a decisão final.

A primeira sessão serve para a apresentação e discussão sobre todas as possibilidades da questão e, após dois dias, é realizada uma segunda sessão para chegar à decisão. Nesse período de tempo, todos podem ouvir a sua intuição – uma vez que os argumentos racionais não bastam para forçar uma decisão. A intuição é necessária também. E, às vezes, é necessário ouvir ainda os impulsos internos.

Às vezes, executivos se escondem atrás da decisão em grupo. O grupo decidiu, portanto, não se discute mais. Porém, é possível que as decisões de grupo tenham se originado de forma estranha. Nem sempre se decide a partir de dados objetivos, mas também por motivos táticos. Então, alguns decidem de determinada forma somente para retirar a influência de outros sobre o grupo. Desse modo, muitas vezes, são questões ligadas à dinâmica dos grupo que mais contam. Ou, ainda, um participante observa a opinião do chefe e a apoia, visando angariar reconhecimento, com o intuito de galgar degraus em sua carreira. Uma decisão de grupo só é boa quando cada um assume a responsabilidade por sua decisão. Cada um do grupo deve decidir da maneira como decidiria se fosse responsável sozinho.

Decisões no cotidiano

No dia a dia, todo homem e toda mulher precisam tomar decisões sempre. Por exemplo, os filhos perguntam ao pai ou à mãe se podem fazer isso ou aquilo. O filho pergunta se pode ir à boate; a filha pergunta se pode passar a noite na casa da amiga. Os filhos sempre esperam uma decisão rápida. E, se os pais precisassem discutir essas questões em conselho de família, as crianças mesmas decidiriam e não perguntariam mais. Nesse caso, ajuda uma clareza interior e acordos precisos feitos em conjunto para tomar uma decisão rápida e boa.

A decisão já começa ao levantar. Ao soar o despertador, posso levantar logo ou ainda ficar deitado. É preciso um empurrão interno para levantar logo. Ao vestir-me, preciso decidir o que vestir. Para nós frades, nisso não é um problema, uma vez que sempre usamos o mesmo hábito. Mas sei de pessoas, principalmente mulheres, que precisam de tempo para resolver o que vestir no dia. Elas gastam bastante energia para escolher entre um ou outro vestido. Elas pensam no que os colegas de trabalho diriam sobre esta ou aquela roupa.

No café da manhã, continua. Muitos comem sempre o mesmo, sem pensar muito. Outros pensam o que vão comer, se tomam café ou outra coisa. Percebe-se, então, que os rituais, ou bons hábitos, poupam energia. Se o café da manhã for ritualizado e eu comer a mesma coisa sempre – não preciso decidir. O dia simplesmente começa assim e eu me sinto bem com esse começo.

Na administração do lar as decisões são constantes. A mãe pensa no que vai cozinhar e o que ainda precisa comprar. Ele pensa quais as tarefas que vai realizar primeiro, se vai fazer limpeza ou vai fazer compras. Ela sabe o que a espera a cada dia. Então, tem que decidir a sequência de seus afazeres rapidamente.

Nosso cotidiano é marcado por uma junção de hábitos e decisões. Se o dia a dia seguir apenas os hábitos, acaba se tornando vazio e, se ele for marcado somente de decisões, torna-se cansativo. Há necessidade de ambos: o desenrolar costumeiro que poupa energia, bem como as decisões.

Mas, para alguns, mesmo as decisões pequenas são difíceis. Eles gastam muita energia com elas. Por exemplo, para fazer uma visita para uma pessoa conhecida – pensam muito sobre o que vestir e o que levar como presente. Essas cogitações tolhem. Nós não confiamos em nosso instinto, mas pensamos na reação do outro, se usarmos esse ou aquele vestido ou se levarmos esse presente. Será que ele acha que o presente é pouco, que somos avaros? Ou ela pensa que queremos seduzir ou aparecer com o presente? Essas cogitações requerem energia. Ao passo que, se pararmos um pouco e confiarmos em nosso instinto, sem nos importarmos muito com o que o outro pode pensar, gastamos menos energia. E, normalmente, também decidimos melhor. Trata-se da nossa decisão, e não de uma decisão que deveria ser influenciada demais pelo outro – no caso, aquele que visitamos.

Por ocasião de um convite para jantar com amigos ou para assistir a um *show*, ter que tomar decisões a respeito, também pode ser estressante para alguns. Eles ficam em dúvida entre a vontade de aceitar o convite e suas preocupações. Alguns ficam confusos com os pensamentos que surgem: Não sei o que devo dizer lá. Não sei o que me espera lá, como os amigos me tratarão, quais seriam as demais pessoas presentes, se eu me entroso com eles...

E nessas conjecturas sobre aceitar ou não o convite gasta-se bastante energia. Outros gostariam de visitar alguém, mas têm dúvida se seria conveniente para o outro. Talvez ele não queira falar comigo de seus problemas...

Uma senhora escreveu-me que gostaria de participar de uma palestra minha. E, quando realizei uma palestra em sua região, ela não foi. Ela estava indecisa. Por um lado, ela gostaria de ouvir a palestra e conversar comigo. Por outro lado, sempre surgiam dúvidas. Havia o receio de não suportar ficar na igreja cheia e a dúvida se deveria encontrar-me. Talvez ela não passasse uma boa impressão para mim, ou não soubesse o que dizer, ou agiria de modo desajeitado. Enfim, ela passou bastante tempo com esses pensamentos e acabou decidindo não participar da palestra. Mas esta não foi uma decisão livre. Posteriormente, ela culpou-se por ter perdido a oportunidade.

Para pessoas com pouca autoconfiança, essas decisões sem importância se transformam em dramas que as agitam interiormente e as ocupam durante dias. Então seria melhor fazer uma pausa para pensar sobre ir à palestra ou não. E, após ter decidido de acordo com o seu sentimento, ficar com essa decisão e não questioná-la mais. Depois, ir à palestra sem pensar mais nas coisas que poderiam acontecer. Ou, se tiver decidido contra a palestra, parar de se culpar.

Há pessoas com dificuldade de relativizar essas decisões menores. E, mesmo em se tratando de decisões sem muita importância para essas pessoas, elas se transformam em drama que as ocupa por semanas, roubando-lhes energia.

Outros sentem que deveriam consultar um médico, mas não conseguem decidir quando será oportuno para eles. Ou pensam que terão que esperar muito para conseguir agendar um horário e, assim, vão protelando. Nosso cotidiano exige muitas decisões, e saber lidar bem com elas poupa-nos energia. Inversamente, podemos tornar nossa vida desnecessariamente complicada ao protelar cada decisão pequena – fazendo dela um problema enorme, que custa energia e pode tirar o sono.

No caso de decisões difíceis, estão envolvidas várias coisas: o medo, a reação dos outros. Mas, frequentemente, é a própria insegurança. Muitos não sabem o que querem. E, mesmo quando precisam decidir algo de menor importância, eles se confrontam com sua insegurança interior. Então surgem os questionamentos fundamentais: O que quero da minha vida? Como devo viver? O que é bom para mim? Qual é o sentido da minha vida?

Quando alguém me relata seus problemas em relação às pequenas decisões cotidianas, eu aconselho o seguinte: Escute rapidamente o seu interior: Tem vontade de participar de uma palestra, de visitar um conhecido, aceitar o convite para ir a um *show*? Se você tem vontade, se tem o sentimento – aquilo me atrai –, então, faça-o, decida a favor e não questione mais a decisão.

Se você começar a cogitar sobre o que os outros poderiam pensar ou o que poderia acontecer para deixá-lo inseguro, então proíbe esses pensamentos. Eles não o levarão adiante e farão com que ande em círculos. Se você decidiu contra o convite porque o medo foi demasiado, então assuma e não se censure. Você decidiu e assim vai ser.

E, se mesmo assim lhe surgirem censuras, é um fator que deve motivar para, na próxima vez, seguir o impulso interno e não seus medos e dúvidas. Então você percebe que os seus medos e dúvidas são um empecilho para coisas que realmente lhe fariam bem.

Você não deve se censurar se tiver dificuldade de decidir. Faça as pazes com a sua dificuldade de decisão. Mas, justamente, por saber desta sua fraqueza, não deve pensar tanto na próxima vez. Escute o seu íntimo, confie no primeiro sentimento que surgir e então decida e se comprometa, sem mais repensar o assunto. Depois você deve proibir a entrada dos pensamentos que questionam a sua decisão: Não deixo que esses pensamentos entrem na casa da minha alma. Eles devem ficar do lado de fora. E não pense mais se a decisão foi certa ou errada.

Se você se decide a favor ou contra uma palestra, isso não tem nada a ver com certo ou errado. A única coisa que importa é se você assume a decisão tomada. Então estará tudo bem. Então você adquire experiência e, mesmo que as experiências tragam dificuldades, ainda assim elas são boas e você fez bem em tomar a decisão dessa maneira.

A decisão pela vida

Kay Pollak, o diretor do aclamado filme *Como no céu*, escreveu um livro com o título *Decidir pela alegria*. Apesar de não concordar com todas as suas ideias, mesmo assim ele aborda aspectos importantes da nossa vida. Ele escreve que os pensamentos influenciam a nossa disposição e também o nosso organismo. E nosso corpo vai se expressar se nos ocuparmos sempre com coisas tristes.

É verdade que não podemos evitar os pensamentos que nos surgem – já diziam os antigos monges. Mas é nossa decisão o quanto de espaço vamos dar aos sentimentos negativos. Não se trata de bani-los, pois seria como criar uma exigência de nos sentirmos sempre bem. Mágoa e medo, aborrecimento e dúvida são parte da nossa vida. Não devemos bani-los. Porém, depende da nossa decisão deixarmo-nos ou não dominar por pensamentos e sentimentos negativos. Podemos "decidir nos ocupar com aqueles pensamentos que têm uma influência positiva sobre nós. Até temos condições de nos decidir conscientemente por pensamentos e impressões que vão agir contra as imagens negativas em nosso interior" (POLLAK, 2008: 22).

Os monges antigos afirmam: não somos responsáveis pelos pensamentos que surgem em nós. Querendo ou não, eles aparecem. Mas somos responsáveis pela maneira como lidamos com eles. Podemos reprimi-los, mas então eles surgirão de novo. Um caminho melhor é observar os pensamentos, permiti-los e, ao mesmo tempo, distanciar-se conscientemente deles.

Posso admitir o aborrecimento para com um funcionário, mas não lhe dou poder. Eu decido afastar-me e não mais pensar nele. Eu não quero ocupar-me constantemente com ele, nem permitir que os meus sentimentos sejam dominados por ele. Esse é o primeiro caminho para libertar-me de sentimentos negativos.

O segundo caminho consiste em tentar pensar no funcionário de uma maneira diferente. Se eu o observar com a lente do aborrecimento, descubro nele somente coisas negativas. Mas é minha decisão usar outras lentes. Então vou descobrir novos traços nesta pessoa. Eu vou perceber que ele não está bem consigo, que ele busca a aceitação dos outros. Observando-o desta maneira – vou senti-lo diferente.

Quer dizer, depende somente de nós a perspectiva que escolhemos. Mas também não podemos nos decidir de qualquer maneira. A realidade deve ser levada em conta sempre – não podemos torcê-la. Sobretudo, convém deixar de lado aquela pressão de achar que temos que nos sentir sempre bem.

Pollak escreve: "Eu me crio a partir dos meus pensamentos", com o que não posso concordar inteiramente. Porque então eu poderia criar-me de qualquer modo, de acordo com o que penso de mim. Os pensamentos devem se orientar pela realidade. Em parte depende de nós, do modo como nos vemos e do ponto de vista que decidimos adotar. Mas não podemos manipular a visão aleatoriamente. Senão, estaríamos entrando num mundo fictício. Pollack fala que podemos nos decidir pela felicidade: "Através da minha decisão livre, posso influenciar consideravelmente as minhas possibilidades de sentir paz, alegria e felicidade" (POLLAK, 2008: 37). Está claro para mim que influenciamos os nossos sentimentos, através da maneira como nos vemos e do que pensamos sobre os outros. Depende de nós optar por uma maneira de ver positiva ou negativa.

Ao mesmo tempo é importante não apagarmos apressadamente os sentimentos negativos, porque também expressam uma experiência importante. Eles dizem algo a nosso respeito. Devemos observar os sentimentos negativos e não afastá-los simplesmente. Também não é tão fácil livrar-se deles. Eu só posso deixá-los ir depois de reconhecê-los, analisando as necessidades mais profundas que se expressam nesses sentimentos. Somente se eu me dedicar a tudo que surge em mim, sem atribuir valores, posso livrar-me de pensamentos e sentimentos negativos. Essa é uma decisão pela vida e pela alegria.

Há quem acredite que não podemos produzir alegria. Não posso alegrar-me sob comando. Está certo. Mas, mesmo assim, depende dos óculos que eu uso em minha vida. Se eu estou aberto para a beleza da natureza, a beleza da música, a beleza de uma pessoa – surge alegria em mim. Também posso acomodar-me com o meu mau humor. Então tudo se torna insuportável, mesmo que nem tudo seja insuportável. A minha vivência é assim, porque decidi adotar uma visão negativa.

Em grande parte, depende exatamente de nós decidir a favor ou contra a vida e a alegria. Mas com esses pensamentos devemos ser realistas para não produzir no outro uma expectativa que nunca será satisfeita. Conheço pessoas que acreditam que somente precisariam pensar positivamente e tudo se acertaria, mas fracassaram tristemente. Os seus pensamentos positivos fizeram com que não percebessem a realidade.

Há também a fuga para os pensamentos positivos. Devemos ter sempre em mente os dois polos: a realidade como ela é – e a realidade como a vemos. Ambas devem ser levadas em conta. A maneira como vivenciamos a realidade, em grande parte, depende da nossa maneira de enxergar as coisas. E não podemos modificar a realidade de qualquer jeito através da nossa maneira de ver. Devemos encarar a realidade. Porque produzir uma realidade a partir dos pensamentos deixa de ser realidade, é uma fuga. A qualquer momento acordamos cheios de dor e descobrimos que nos enganamos. Até então, não quisemos enfrentar a realidade. Vimos tudo através de lentes cor-de-rosa. Deixamos passar a vida por nós.

Um empresário me disse que ele precisaria somente gravar a vontade de vencer, bem fundo, no inconsciente, e tudo que ele pretendesse daria certo. Mas, ao mesmo tempo, ele contou que estava diante da concordata, por ter apostado num projeto que era grande demais para ele. Eu lhe sugeri desistir dessas ideias estranhas: Ao invés de incutir que sempre vencerá, ele deveria olhar a situação realisticamente, para depois optar por caminhos que resistissem ao seu juízo também. Para ele, a explicação do insucesso está em não ter gravado a vontade de vencer suficientemente fundo no inconsciente. Assim, ele seria o culpado, por não dominar corretamente o método do pensamento positivo. Mas, com isso, ele se exime da responsabilidade por suas decisões. Ele transferiu a decisão ao método, em vez de decidir-se como pessoa.

Outro exemplo. Uma professora vai para a escola sempre tensa. Ela não se sente aceita pelos colegas e o reitor. Fica magoada com a maneira com que o reitor a trata. Assim, ela gasta muita energia para dirigir-se à escola e tratar bem os alunos. O sentimento de estar isolada a consome. Neste caso, depende da professora e de sua decisão de como ela quer ir para a escola. São Bento exige do *ecônomo* que ele cuide sempre de sua alma. A professora também deveria observar a sua maneira de ver as coisas e os seus sentimentos ao ir para a escola. Ela não pode mudar a situação, mas ela pode ir para a escola com uma atitude interior diferente.

Uma solução poderia ser: Eu imagino ir para a escola e estou inteiramente em paz comigo. Assim, não dou poder aos outros. Eu não permito ser governada pelos outros. Eu os encontro com gentileza, mas não vou depender da reação deles ao meu cumprimento. Se não responderem, é problema deles. Mas não deixo que isso me afete.

Outra possibilidade seria: Antes de ir à escola, vou abençoar os alunos e colegas. Eu levanto as mãos num gesto de bênção e imagino a bênção de Deus fluindo das minhas mãos até os alunos e colegas. Então estou agindo sobre a situação na escola. Faço fluir uma energia positiva e dirijo-me de uma forma diferente para lá. Eu não me dirijo aos colegas que me evitam – dirijo-me a colegas abençoados. Vou olhá-los e vivenciá-los de forma diferente.

Além da decisão, é necessário um caminho de treinamento para que eu possa ir para a escola dessa maneira. Não estamos simplesmente sujeitos às condições externas – nós podemos decidir aceitar as condições como um desafio que nos faz crescer, ao invés de nos deixar abater.

É comum eu encontrar pessoas que se queixam de sua situação: Tudo seria tão difícil. Elas sentem-se solitárias. Não têm a consideração dos demais. Elas não são bem-sucedidas na profissão. Não se dão tão bem no trabalho, como seus colegas. O casamento também não é aquilo que tinham esperado.

Não posso simplesmente dizer a essas pessoas: Decida-se pela vida. Mas quando tento entender os seus sentimentos, descubro que elas têm visões bem-determinadas da vida. Elas sentem-se mal porque essas expectativas não aconteceram: Elas não são tão atraentes como gostariam de ser. Elas não obtiveram o sucesso que sonharam.

Eu não posso simplesmente decidir ser bem-sucedido ou atraente. Mas nessa situação também posso decidir-me pela vida. Eu decido aceitar-me medianamente como sou, com os meus sucessos medianos e alegrar-me quando consigo realizar bem alguma coisa.

Devo despedir-me das ilusões que criei na vida. E então posso me perguntar: Será que não posso ver a minha vida de outra forma? Será que não posso ser grato pela minha vida, por aquilo que Deus me deu, pelas pessoas com quem convivo e que me apoiam?

Não posso simplesmente dizer: A partir de hoje vou olhar tudo de forma positiva. Porque, nesse caso, eu estaria distorcendo muitas coisas. Mas posso, sim, tentar ver a minha vida de uma forma nova. Em última análise, a fé também é uma maneira de ver a minha vida. A fé pode ajudar, numa situação dolorosa – pois doenças me afligem, a situação financeira não está boa, há muitos problemas para resolver – a questionar: O que Deus quer me dizer através disso? Essa situação não poderia ser um desafio para mudar de campo, para o campo espiritual, em que me sinto unido a Deus em tudo? O caos não poderia ser um convite para chegar ao meu espaço interior, onde estou em harmonia, em que estou salvo e inteiro, porque Deus habita em mim?

Não podemos escolher as condições externas. E, através de pensamento positivo, não podemos produzir simplesmente sucesso e saúde. Mas podemos questionar a nossa postura. Ao invés de pensar positivo, deveríamos encontrar um caminho na fé, ver a nossa vida sob uma perspectiva diferente. Se a olharmos de outra forma, também podemos lidar diferentemente com ela. E, mesmo em situações difíceis, podemos encontrar liberdade e paz interior.

Teologicamente Karl Rahner explica a tensão entre aquilo que nos é destinado e a nossa livre decisão, através da compreensão cristã do ser humano. O homem é, ao mesmo tempo, natureza e pessoa. Natureza refere-se ao que lhe foi destinado para sua livre decisão: o seu corpo, seus modelos de vida, sua educação, seu meio. Mas pessoa significa que o homem pode determinar livremente sobre si, ele pode se programar ou decidir, dessa ou daquela maneira, em relação ao que lhe está destinado.

Ao tomar decisões convém ter sempre em mente a tensão entre natureza e pessoa.

Não podemos criar livremente a realidade através das nossas decisões. Mas podemos criar e moldar o que nos é destinado. Não somos responsáveis pela realidade que nos foi designada, mas, pelo que fazemos dela, como a encaramos e como a moldamos, sim.

Não somos simplesmente vítimas que têm que suportar o mundo à sua volta. Somos pessoas livres que moldam sua existência. E somos pessoas livres que podem adquirir uma atitude bem-determinada para com a realidade que nos é destinada. Com a nossa postura vivenciamos a realidade, não como vítimas, mas como pessoas livres que agem sobre ela. Nossa atitude, bem como moldar e estruturar aquilo que nos foi destinado, dependem de nós. É nisso que consiste a decisão.

Os Salmos nos dão uma visão concreta sobre uma decisão pela vida a partir da fé.

Eles descrevem a situação em que vivemos. Mas não se limitam à narração, tentam ver a situação de outra forma, a partir da fé. Assim, lidam com a situação diferentemente.

No Sl 138 lemos: "Se eu andar angustiado, tu me fazes reviver; estendes tua mão contra a ira dos meus inimigos, e tua direita me salva" (Sl 138,7). Aqui, quem reza vive na angústia. Fato que não pode ser negado, nem dissolvido através de pensamento positivo. Mas nessa angústia posso decidir-me pela fé de que Deus vai me manter vivo, que Ele me estende a mão e que, mesmo no perigo, estou nas mãos de Deus. Desse modo, decido não ficar lamuriando sobre a angústia, mas também não vê-la com lentes cor de rosa. E sim, eu a enfrento a partir da fé, certo de que sou amparado por Deus. Talvez haja os que digam: 'Muito bonito! Mas comigo não acontece assim'. Experimentar essa forma de ver as coisas é uma decisão também. Então, não importa se eu vivencio a mão de Deus ou não. Confiar significa também decidir que é dessa maneira, ou em outros termos: Fazer de conta que é assim. E, ao optar por essa hipótese, farei uma nova experiência em minha angústia.

Decisões em conjunto

Tomar decisões é algo pessoal. Mas também há as decisões a serem tomadas em conjunto. Na família, decide-se em conjunto sobre como festejar o Natal, como passar as férias, ou como distribuir as responsabilidades. Na comunidade do convento, há as decisões em conjunto. Existem as reuniões do Conselho Superior que decidem sobre muitas questões da vida do convento. Há, ainda, a reunião do convento, responsável por decisões importantes. Em toda empresa são tomadas decisões. Também lá, as coordenadas são definidas pelas reuniões. O grupo discute os problemas e decide em conjunto. A questão é como se alcançam decisões conjuntas e como chegamos a boas decisões.

Na tradição religiosa, o protótipo para decisões conjuntas é o processo decisório transmitido pela comunidade de Inácio de Loyola. Os companheiros estão "diante da questão se seu grupo deve se estabelecer em caráter duradouro, e colocar-se sob as regras de uma ordem religiosa, porque, caso contrário, o grupo se desintegraria. Nessa situação, eles decidem tomar um tempo de três meses para decidir sobre o seu caminho conjunto – e rezar" (WALDMÜLLER, 2008: 13). Eles estavam diante da decisão de fundar uma ordem, ou trabalhar juntos, mas de forma livre.

Hoje em dia, um grupo dificilmente terá o tempo de três meses para tomar decisões importantes. Tudo é mais rápido. Mesmo assim, os primeiros companheiros de Santo Inácio, tomando decisões à sua maneira, podem ser um modelo. Eles se reúnem toda noite. Cada um conta o que viveu de favorável e desfavorável. Os outros ouvem. Não há discussão sobre o favorável e desfavorável. Cada um escuta o que o outro diz. Depois há uma troca de ideias. Com base no que foi ouvido, cada um deve dizer o que seria a melhor opção a seu ver. Assim, aos poucos eles chegam a um consenso sobre o seu futuro.

Atualmente, não há muito tempo para tomar uma decisão. E, provavelmente, nenhuma comunidade ou empresa pode pretender o ideal de decidir em consenso. Mesmo assim podemos aprender com esses companheiros que decisões não podem ser conseguidas à força e sob pressão de tempo. Porque então não há um "em conjunto" verdadeiro. Há uma decisão. Mas, dificilmente, ela será benéfica individualmente. Muitos se sentem usurpados e não levados a sério.

Justamente na primeira fase do processo decisório é importante que cada um – numa família, num grupo ou numa empresa – possa expressar-se, sem contra-argumentos. Requer a arte de escutar e permitir que a opinião própria seja questionada. Aquilo que os outros dizem, deve ser conferido com os próprios sentimentos e argumentos. E convém que a opinião do outro seja respeitada.

É bom o exercício praticado pelos companheiros de Inácio: dormir primeiro antes de uma decisão. No sono, mergulhamos em camadas mais profundas da nossa alma. E, a partir dessa profundidade, fica mais claro o que realmente é bom para nós. Então, não se trata apenas de argumentos racionais, mas devemos dar espaço também às imagens internas da nossa alma. Muitas vezes a alma sabe, melhor do que o intelecto, o que é bom para o grupo.

São Bento de Núrsia, já antes de Inácio de Loyola, falou em sua Regra sobre as decisões tomadas em conjunto. Em geral, trata-se menos de uma decisão do grupo, mas da decisão do abade. Porém, o abade deve ouvir os conselhos dos irmãos.

São Bento escreve: "Cada vez que houver algo de importante a tratar no convento, o abade deve reunir a comunidade e apresentar a questão. Ele deve ouvir o conselho dos irmãos, para avaliar depois. Aquilo que ele considerar de mais conveniente, ele o faça. Mas dissemos que todos devem ser chamados para o aconselhamento, porque o Senhor, muitas vezes, mostra o que é melhor a alguém mais jovem" (RB 3,1-3). São Bento parte do princípio de que cada irmão tem algo a contribuir, até mesmo os mais jovens. O que era revolucionário num tempo em que sabedoria era atribuída, principalmente, aos mais velhos.

A questão não é o prestígio da pessoa, mas a convicção de que Cristo pode falar através de qualquer um, mesmo através dos jovens e inexperientes. O que exige uma cultura diferente da troca de ideias a que estamos acostumados. Em vez de pensar como rebater a opinião do outro, devo escutar bem o que Cristo gostaria de me dizer através do outro. Talvez a sua opinião esteja numa direção totalmente diferente.

Mas é exatamente através da voz que, à primeira vista, parece sem sentido que Cristo pode dizer algo à comunidade, libertando-a de seus preconceitos arraigados.

Para São Bento, é sempre o abade que decide. São Bento não conhece decisões conjuntas. Mas o abade tem a sua tarefa de ouvir os irmãos. Porque Cristo fala através dos irmãos. O abade escuta a voz de Cristo, não só em seu coração, mas na escuta atenta dos irmãos. Essa atitude requer humildade e a disposição de ouvir realmente a voz de Deus, não forçando para fazer prevalecer a sua própria opinião.

Não importa o modelo que adotemos: o beneditino – que, na verdade, hoje em dia não segue precisamente os termos da regra, mas conta com votações que o abade deve realizar, ou o inaciano. O decisivo é desenvolver uma cultura de diálogo e de decisões conjuntas, adequadas ao grupo.

Normalmente, é preciso que alguém no grupo assuma a liderança. Ele deve ter a capacidade de, após a fase de ouvir, reconhecer o momento adequado para conduzir a uma decisão. Se ele puder sentir que todos os argumentos foram trocados que, mesmo havendo direções diferentes, existe direção conjunta, então ele pode perguntar ao grupo: Estão prontos para decidir? Ou ainda há necessidade de discussão ou esclarecimento? E se o grupo concordar em decidir, ele deve ter o cuidado de apresentar a pergunta pela decisão de forma clara e que ela seja considerada uma decisão depois disso.

Nesse processo é importante não avaliar as decisões individuais. Se a maioria decidiu favoravelmente, ele o aceita como decisão conjunta. Ele não faz análises das decisões contrárias. Cada um tem a liberdade de decidir como gostaria. A decisão de cada um é respeitada. Ninguém deve ser forçado a uma decisão. É preciso cuidar, também, de não transmitir um sentimento de consciência pesada aos que votaram contra. Eles decidiram de acordo com a sua consciência. Está bem assim. O seu voto negativo é tão importante quanto a aquiescência dos outros. Somente assim consegue-se levar a efeito uma decisão conjunta.

O responsável, depois, tem a incumbência de transmitir a decisão à empresa ou grupo. É tarefa sua também angariar a participação dos contrários, para levar a decisão adiante.

É importante que o grupo saiba se tem competência de decisão ou somente de aconselhamento. Porque se o grupo luta verdadeiramente por uma solução, ele fica frustrado quando a solução não é colocada em prática, quando as lideranças simplesmente a ignoram.

No entanto, se o grupo estiver ciente de que se trata somente de propostas para a consideração do Conselho, mas que não necessariamente as adotará, o clima é diferente desde o início. Naturalmente as lideranças não deveriam descartar propostas levianamente, porque tiraria a motivação de buscar soluções de forma séria. A clareza sobre as competências de cada grupo e de cada um individualmente favorece o processo da tomada de decisão.

Às vezes, temos a impressão de que, na política, as comissões de assessoria seriam somente uma folha de figueira com que se esconde a própria nudez. É como escamotear-se com o fato de ter o conselho de um expoente da área econômica ou uma comissão de ética. Os conselhos dados pelos economistas anualmente são ouvidos. Mas somente aquilo que confirma a própria política é elogiado, e o restante é desconsiderado. Em vez de debater realmente com um conselheiro, sua opinião não é levada em conta. Afinal ele foi contratado. Ele pode trabalhar. Mas se o trabalho não for conveniente, são tomadas as decisões de acordo com a linha política. Esse não é um procedimento de decisão maduro. Infelizmente, neste aspecto, os políticos nos dão um mau exemplo. Mas acabam fazendo escola. Empresas também têm suas assessorias, que trabalham em vão, muitas vezes, porque as sugestões não são acatadas. Somente é usado o que corresponde à própria opinião. Não é dessa maneira que decisões orientadoras são tomadas.

Decisões morais

Um tema, sempre discutido, principalmente pelos teólogos moralistas, é o tema da decisão moral. Devo orientar-me, numa decisão, pelas normas da lei, pelo ensinamento da Igreja ou pela minha consciência? Na Bíblia o conceito de *syneidesis*, da consciência, aparece somente nas epístolas paulinas e nas epístolas pastorais. Lá, trata-se de ter uma consciência limpa e não ferir a consciência dos outros. São exatamente as epístolas pastorais que adotam o conceito da filosofia estoica, que fala da consciência como norma interior do ser humano. A Bíblia cristianizou este conceito filosófico, fazendo a união entre consciência e coração. O ser humano deve ter a consciência pura. Em seu modo de viver, ele deve corresponder ao íntimo de seu ser.

O dominicano e doutor da Igreja Tomás de Aquino, da Idade Média, uniu o ensinamento da consciência com o novo entendimento cristão do ser humano, como pessoa. Segundo Tomás de Aquino, não é o universal o mais elevado, como a filosofia grega ensinava e, sim, a pessoa, ou seja, o indivíduo. Essa concepção tem efeitos na doutrina sobre a consciência. A norma geral não é mais a instância máxima para a pessoa, mas sua consciência. Tomás de Aquino define a consciência como "a aplicação do conhecimento sobre uma ação concreta" (apud HEINZMANN, 1990: 49). Como conhecimento, Aquino não considera somente o "tomar conhecimento exterior, mas a compreensão da veracidade e do juízo interno da norma" (HEINZMANN, 1990: 49).

Donde Inácio conclui que: "A intenção deve seguir o juízo, mesmo sob o risco de que este se encontre sob um equívoco intransponível". Não há alternativa se a dignidade do ser – pessoa cristã, precisa ser preservada" (HEINZMANN, 1990: 50). No entanto, o ser humano tem que se esforçar para reconhecer a norma que Deus colocou na natureza. O homem é responsável por seu conhecimento. Mas, mesmo assim, continua válido que não existe instância que "deva e possa forçar o ser humano a agir contra a sua convicção, nem mesmo Deus" (HEINZMANN, 1990: 59).

Alguns se questionam: Posso decidir contra um mandamento da Igreja quando a minha consciência me diz algo diferente? Um exemplo: A doutrina cristã diz que quem está divorciado e casou novamente não pode receber a comunhão. Se a consciência me diz que Jesus também convida a mim para a comunhão, para fortalecer-me em meu caminho, devo ir ou não?

Segundo a doutrina de Tomás de Aquino, assumida pela Igreja como obrigatória, a resposta é inequívoca: Sim, se a minha consciência está limpa, então esta é a norma para mim e não o mandamento religioso. Neste sentido os bispos do Reno Superior Karl Lehmann, Walter Kaspar e Oskar Saier argumentaram também em sua carta pastoral de 1993, convidando os recasados a seguirem a sua consciência, indo à comunhão. O sacerdote que dá a comunhão, não pode negá-la a esses fiéis que estão seguindo a sua consciência. Ele deve respeitar a sua decisão moral.

A questão sobre a consciência não nos toca somente em relação aos assuntos religiosos. A consciência tem um significado fundamental. De um lado, devo formar a minha consciência, levando em conta as normas estabelecidas pela lei da natureza e as que o Estado e a Igreja prescrevem. Mas, em tudo, posso confiar em minha consciência. Entretanto, não devo confundir a consciência com a minha opinião ou vontade. Eu não posso declarar cada decisão, que tomo por capricho ou com base em uma necessidade, como sendo uma decisão moral. Nem toda convicção pessoal pode "pretender ser juízo moral" (GRÜNDEL, 1990: 100).

Alguns se reportam rápido demais à sua consciência e não estão dispostos a enfrentar as normas estabelecidas. Segundo Tomás de Aquino, uma decisão moral só pode ser fixada quando a pessoa está totalmente centrada, quando alcançou sua profundidade interior. Essa decisão moral todo político deve tomar em votações no parlamento. Todo economista se defronta com a questão se suas decisões estão em consonância com sua consciência. Também nós, somos sempre confrontados com decisões morais em nossa atitude concreta em relação aos outros ou ao universo.

Um grande defensor da liberdade de consciência foi o Cardeal Henry Newman, um clérigo anglicano e teólogo, que passou à Igreja Católica por motivos de consciência. Ele era atacado pelos seus pares, mas visto com reservas também pelas autoridades romanas. Notório é o seu brinde à religião e ao papa. "Porém, primeiro à consciência e só depois, ao papa" (apud WIEDMANN, 1990: 82). Para alguns teólogos católicos era uma afronta ao papa. Mas Karl Rahner defende o brinde do Cardeal Newman como de origem católica: "Nunca podemos transferir e entregar, de algum modo, a consciência a outrem" (WIEDMANN, 1990: 82).

Na consciência eu percebo a minha responsabilidade diante de Deus. Em minha consciência, respondo ao chamado de Deus. Na questão da responsabilidade pessoal diante de Deus o ser humano não pode fazer-se representar "por ninguém, nem por uma autoridade superior. Mesmo quando obedeço, tenho que assumir responsabilidade" (GRÜNDEL, 1990: 103).

Por isso, em todas as decisões, importa ouvir a consciência, a voz interior, na qual Deus fala conosco. Devemos confiar no conselheiro que Deus nos deu e que a tradição denomina "consciência". Nisso ela distingue entre predisposição para a consciência (*synteresis*) e decisão de consciência (*conscientia*).

A palavra grega *synteresis* significa a observação conjunta dos vários aspectos de uma decisão. Essa predisposição para a consciência está presente em todos os homens. Em última análise, é este o significado da palavra latina *conscientia*. Pois significa: "*saber com*", "*conhecimento conjunto*".

Está presente em nós uma instância que observa, em conjunto, tudo aquilo que devemos considerar numa decisão. Na consciência sabemos da verdade interior, à qual devemos fazer jus em cada decisão. Na consciência sabemos também dos outros que atingiremos com a nossa decisão. A consciência nos guarda de tomar decisões que prejudicam o próximo. Na consciência sempre estamos ligados às pessoas pelas quais assumimos responsabilidade em nossas ações. E estamos conectados com Deus, diante do qual temos que assumir a responsabilidade pelas nossas decisões.

Em minhas conversas, muitas vezes encontro pessoas que têm uma consciência escrupulosa, isto é, elas constantemente sofrem com remorsos. A palavra escrúpulo vem da palavra latina *scrupulus* e significa "pedra pontuda afiada". Esses remorsos são como pedras pontudas que provocam uma sensação aguda e dúvidas torturantes. A consciência escrupulosa vê culpa em tudo e faz com que a pessoa sofra com sentimentos de culpa constantemente. Tudo o que faz é pecado.

A consciência escrupulosa aponta para uma estrutura neurótica. Muitas vezes pode ser expressão de experiências com carga emocional que não foram trabalhados. Às vezes, pode apontar para uma culpa: a culpa de viver à margem de sua verdade. Porque não se consegue enfrentar a culpa pela vida não vivida, procura-se ações ou pensamentos menores como culpa e fica girando em torno dos mesmos. O girar constante em torno da própria culpa reprime o sentimento profundo de que estou vivendo à margem da minha vida; que minha vida assim como a vivo, na realidade não está bem.

Não é fácil livrar uma pessoa de sua consciência escrupulosa. É necessário um olhar sincero para as causas verdadeiras. Muitas vezes, somente uma terapia pode descobrir essas causas profundas e, assim, ajudar a pessoa a enfrentar sua própria verdade, aceitando-se em sua fragilidade. Ainda bem que o número dos escrupulosos típicos, que atormentavam muitos confessores, tornou-se mais raro atualmente.

A você, estimado leitor, estimada leitora, gostaria de dizer: Confie em sua consciência. É a norma mais elevada que deve ser seguida para tomar decisões. Deus deu-lhe a consciência, uma sensibilidade interior para o que é certo. Se a sua consciência for receosa ou até escrupulosa, procure auxílio. Ainda assim, deveria confiar na consciência – não em relação às censuras que ela lhe faz em função de seus pensamentos e ações, mas devido a sua verdade.

Ela obriga a enfrentar a própria realidade. Mas seja agradecido se tiver uma consciência clara e sadia que lhe diz o que é bom e o que seria melhor evitar. Assim, desejo-lhe que possa tomar as muitas decisões durante a sua vida, sempre a partir dessa instância interior da consciência, e que elas resultem em bênção sua e para as pessoas que lhe são próximas.

Pensamentos finais
Diariamente temos que nos decidir

O tema decisão toca muitos setores de nossa vida. Quando comecei a pensar e ler sobre o assunto, percebi a importância do tema para o sucesso da vida. É um tema que diz respeito a cada um. Afinal, cada um decide sobre o que faz de sua vida, como reage a desafios externos, como responde aos seus sentimentos e pensamentos e que sentido quer dar à sua vida.

Diariamente, temos que decidir. Sim, quase em todo momento precisamos decidir o que devemos fazer agora: se continuamos a ler, a trabalhar, a falar ao telefone etc. Alguns alternam de uma atividade a outra, sem decidir conscientemente. Eles não seguem suas decisões e assim entra a falta de tranquilidade em sua vida.

Ao lado das escolhas cotidianas há a questão da decisão de vida. Como eu gostaria de viver durante os próximos anos. Que caminho escolho? Fazemos opções que marcam toda a nossa vida e que comprometem nosso futuro. Tais decisões devem ser bem pensadas. Depende delas o sucesso da nossa vida. E elas só podem ser tomadas dentro de um contexto mais amplo de significado. Eu decido por uma vida inteira somente quando essa opção abre um significado para a minha vida.

Quando pensei sobre o tema decisão e li os respectivos artigos e livros, foi se evidenciando cada vez mais que não se trata somente das escolhas individuais que fazemos, mas que a decisão é algo que pertence à natureza humana. Como pessoa, estamos sempre diante de uma escolha a favor ou contra Deus, a favor ou contra a vida. Não existe pessoa sem decisão e não há uma vida sem decisão.

A palavra *Entscheidung* (decisão) vem da palavra do alto--alemão antigo *sceidan* e tem parentesco com a palavra *Scheit* (acha de lenha). A acha de lenha, que é partida em duas partes pelo machado, serve de imagem para ilustrar que também em nossa vida algo deve ser separado. A Bíblia usou esta ideia de separação no relato da origem do mundo. No ato da criação, Deus separa a luz da escuridão, a ordem do caos, as águas debaixo do firmamento das águas acima do firmamento (cf. Gn 1,4-7). A dignidade mais elevada do homem consiste em participar da ação criadora de Deus. Ao decidir, o homem separa o que tem forma do que não tem, o consciente do inconsciente, o claro do escuro. Ao decidir, o homem molda a sua pessoa. Cada vez mais ele se torna a pessoa que decide sobre si mesmo e deixa de ser determinada por quaisquer necessidades ou instintos. A decisão está ligada à liberdade do ser humano e à sua dignidade como pessoa, responsável por si.

Nossa vida é um processo constante de decisão e separação. Nós separamos em nós o bem do mal, o certo do errado, o límpido do turvo. Mas ao mesmo tempo sabemos que não é possível separar completamente o bem do mal, o consciente do inconsciente, o claro do escuro. Ambos estão relacionados. Contudo, sempre de novo, são necessários os atos de separar e unir, da decisão e da ação inequívoca, para não perdermos de vista o objetivo da nossa vida.

O ato de decidir nos leva na direção que corresponde ao nosso ser, em que nossa imagem original e verdadeira pode brilhar cada vez mais. Ao decidir, tornamo-nos cocriadores de Deus. Participamos em sua separação na origem do universo. O objetivo dessa criação era o ser humano, criado por Deus segundo a sua imagem e semelhança. Em nossas decisões, essa imagem original de Deus deve ser separada das opacidades que se sobrepõem a essa imagem – através de projeções impostas por outros ou através das ilusões que criamos de nós mesmos.

Assim, caros leitores, desejo que optem, sempre de novo, pela vida, que tomem decisões que deem uma direção clara à sua vida, que a façam florescer. Desejo-lhes clareza interior em suas decisões, liberdade e confiança em sua consciência, confiança em sua voz interior.

A confiança dar-lhes-á condições de decidir sem gastar muita energia, sem envolver-se em cogitações e sem lamentar as possibilidades excluídas pela decisão. Desta maneira, assumirão a responsabilidade por sua trajetória de vida, dando resposta ao chamado de Deus para uma vida autêntica, uma vida em conformidade com o seu ser, para a sua bênção e dos demais.

Orações

Orações para tomar decisões
Orações diante de decisões

Decidir-me pela vida
Para combater a passividade

Deus misericordioso e bondoso, estou insatisfeito com a minha vida. Tenho a impressão de vegetar simplesmente. Sinto que devo deixar de ser descomprometido, que devo decidir-me pela vida. Deixo tudo em aberto. Deixo as coisas acontecerem.

Presenteia-me com o teu Espírito Santo para que eu me decida, a cada dia, pela vida novamente. No dia de hoje gostaria de decidir-me pela vida. Não quero mais vegetar simplesmente, ser levado pelas circunstâncias e pelos outros. Gostaria de viver eu mesmo.

Fortalece-me para que, finalmente, eu me decida pela vida. Ajuda-me, para que eu possa assumir a minha vida e que não espere mais para que os outros resolvam meus problemas.

Faze com que eu tome, a cada momento, a decisão pela vida e contra a morte, contra a rotina, contra o deixar que outros conduzam a minha vida, para que ela seja abençoada e bênção para outros.

Amém.

Abençoa aquilo que eu empreender
Para combater o sentimento de vítima

Senhor Jesus Cristo, sinto-me como vítima tantas vezes. Eu me queixo porque os outros não me compreendem. Eu reclamo que o chefe não me considera. Tenho a impressão de que toda a minha vida depende da aprovação ou da rejeição dos outros. Muitas vezes, fico aborrecido por sentir que estou totalmente dependente da reação dos outros.

Gostaria de viver a minha vida finalmente. Não quero continuar no papel de vítima. Dá-me a força e a coragem para despedir-me do papel de vítima, para, eu mesmo, poder assumir a responsabilidade pela minha vida.

Às vezes estou confortável no papel de vítima porque posso transferir aos outros a culpa pela minha situação. Mas, no fundo da minha alma, sei que assim estou me excluindo de uma vida realizada.

Jesus, Tu convidaste o homem com a mão ressequida, que também se sentia como vítima: "Coloca-te no centro!"

Fortalece-me também para ter coragem de enfrentar a vida, em vez de acomodar-me no papel de vítima. Dize, também para mim, a palavra que disseste ao homem em seu papel de vítima: "Estende a tua mão!" Sim, com a tua força quero estender minhas mãos e assumir a minha vida.

Abençoa tudo o que eu empreender para que minha obra traga bênção aos outros.

Amém.

Poder optar pela alegria
E fazer frente à lamentação

Jesus Cristo, teu modo de falar fez com que as pessoas entrassem em contato com a sua alegria.

Em tudo, somente vejo o lado negativo. Estou tão desanimado. Eu espero que os outros me tragam alegria, que os outros me amem e que eu possa alegrar-me com seu amor e dedicação. Mas sinto também que, assim, fico dependente deles.

Mostraste-me o caminho para decidir-me pela alegria em meio à tristeza e pelo sorriso em meio ao choro.

Há muitas coisas com que poderia alegrar-me: a minha saúde, o meu corpo, os amigos que me apoiam, a perfeição da natureza, este dia ensolarado. Mas eu me fecho à alegria. Sempre vejo motivos demais para ficar triste e lamentar.

Então eu preciso de ti, Jesus, para te colocares diante de mim e dizer: "Escolhe a vida. Escolhe a alegria. A alegria está em ti.

Depende de ti para que a alegria, que flui para a tua alma, através das minhas palavras, das experiências do teu dia a dia, das pessoas que te amam, possa crescer cada vez mais até atingir a tua consciência plenamente".

Sim, Senhor, peço-te para conectar-me com a alegria que já está em mim, para decidir-me pela alegria diariamente.

Amém.

Liberta-me das cismas
Para não lastimar as decisões

Misericordioso e bondoso Deus, depois de tomar uma decisão simplesmente, não encontro paz. Então fico em dúvida se a decisão foi mesmo certa.

Eu lamento por aquilo que minha opção deixou de lado. Tenho a impressão de ter decidido apressadamente. Mas, se penso em voltar atrás, também não me sinto em paz.

Não sei o que devo fazer. A decisão não traz clareza para a minha vida. Eu decido, mas no fundo não me decidi realmente. Porque continuo girando em torno dessa decisão e das consequências possíveis de uma outra solução. Simplesmente não consigo me libertar desses pensamentos.

Envia-me o teu Espírito de clareza para que eu possa libertar-me dessas cismas, para concentrar-me inteiramente na decisão tomada.

Eu gostaria que a minha energia fluísse na direção indicada pela decisão. Mas sinto-me bloqueado. A minha energia não flui para a vida, mas para a dúvida sobre a decisão tomada. Assim, fico paralisado.

Liberta-me desses pensamentos, de lamentar as chances perdidas. Faze com que eu siga, com clareza e em liberdade, o caminho que escolhi. E abençoa cada etapa desse novo caminho, para que ele me conduza para a vivacidade, a liberdade, a paz e o amor cada vez maiores.

Amém.

Faze-me confiar em minha força
Para deixar de ser dependente dos outros

Misericordioso e bom Deus, muitas vezes não tenho coragem para tomar decisões por medo de como os outros reagirão. Se eu tomar uma decisão errada, dirão: "Mas aquilo devia ter sido previsto. Como é possível tomar uma decisão dessas?"

Eu me prendo tanto à reação dos outros que não consigo mais pensar com clareza.

Presenteia-me com o teu Espírito Santo para que Ele me fortaleça. Deixa fluir o teu Espírito no meu, para que eu possa confiar na minha intuição.

Se o teu Espírito estiver fluindo em mim, então não é mais o meu espírito sozinho que toma as decisões, então Tu estás junto comigo em minhas decisões. Então, não é mais tão importante o modo como os outros reagem. Assim não fico mais dialogando comigo mesmo, preocupado com o que eles diriam. Porém, estarei em diálogo contigo, misericordioso Deus, e o nosso diálogo me fará mais bem do que todas essas conjecturas sobre os pensamentos dos outros.

Assim, dá-me a confiança na tua e na minha força e a tranquilidade para que eu deixe a reação dos outros simplesmente com eles, sem depender dela.

É o que te peço, por Jesus Cristo, meu Senhor que me fortalece.

Amém.

Desprender-se das dúvidas
Nas decisões relacionadas a compras

Jesus Cristo, eu preciso de um carro novo, preciso comprar roupas e utensílios domésticos.

Sabes quanta energia gasto com essas decisões de compra. Passo de um carro para outro, não consigo decidir, nem pela marca, nem pelo tamanho, nem pela cor.

Ao comprar roupas vou de uma loja para outra, de um ponto para outro e não consigo decidir.

Vou às compras sozinho porque os outros ficam estressados com a minha indecisão.

Livra-me das cogitações complicadas. Coloca-me em contato com minha intuição, para, depois de olhar as coisas que quero comprar, eu escute a voz interior e perceba o impulso interno: Sim, é isto que vou comprar. E, depois de comprar, liberta-me das coisas que nada me acrescentam.

Jesus, disseste ao paralítico, que também nunca conseguia decidir-se, que só pensava em sua miséria, sem nada mudar:

"Levanta-te, toma o teu leito e anda!" Dize estas palavras para mim também, para que eu abandone as dúvidas, levantando-me para decidir e seguir em frente, sem olhar para trás.

Amém.

Poder encontrar com o outro
Fazer uma visita

Santa Maria, tu visitaste Isabel, tua parenta. Simplesmente partiste e, sozinha, atravessaste as montanhas. Não te preocupaste com a reação dos outros. Tomaste o caminho porque seguiste o teu impulso interior.

Quando eu vou visitar um conhecido ou parente, muitas vezes não consigo decidir-me. Então fico avaliando se a minha visita seria oportuna, se a pessoa ficaria surpresa ou se lhe desagradaria. Não sei qual justificativa dar à minha visita. Sempre tenho a impressão de que deveria justificá-la. Essas cogitações, muitas vezes, tiram-me o prazer pela visita. Gasto energia demais antes da visita. Além disso, fico pensando o que deveria levar como presente. Será que flores não pareceriam algo pouco criativo? Será que ela gosta mesmo de flores?

Santa Maria, dá-me algo do teu espírito, da tua tranquilidade de atravessar as montanhas simplesmente. Livra-me das muitas dúvidas e pensamentos para que eu possa encontrar o outro verdadeiramente, possibilitando ainda que tenhamos um encontro maravilhoso como tiveste com Isabel.

Sim, Maria, intervém por mim, para que a visita se torne uma bênção para nós.

Amém.

Pelo espírito sereno
Em decisões profissionais

Deus misericordioso, diariamente tenho que tomar decisões na minha profissão: decisões que envolvem os funcionários, sobre o que a empresa deverá adquirir, decisões sobre como deve ser feito ou resolvido isto ou aquilo.

Prefiro que tudo transcorra sem problemas. Cada vez que os colaboradores perguntam se deveriam agir assim, ou de forma diferente naquele momento, sinto-me desconfortável.

É desagradável para mim. Preferiria não tomar decisões o tempo todo. Tenho pouco tempo para elas.

Bom Deus, preenche-me com o teu Espírito Santo para que eu possa decidir fundamentado em teu Espírito e não me perca nas considerações do meu espírito.

Comparaste a tua palavra com a espada que separa de forma clara. Dá-me a força da tua espada sagrada para que eu possa tomar as decisões com toda clareza, sem equívoco.

Dá-me o teu Espírito sereno para não questionar as decisões posteriormente. O teu Espírito facilitará a minha vida nas decisões. Por isso eu te agradeço, bom Deus.

Amém.

Fortalece-me
Em conflitos

Senhor Jesus Cristo, odeio conflitos. De preferência, gostaria de ignorar ou reprimi-los, varrê-los para debaixo do tapete. Mas sinto que não é a solução.

Não tiveste medo de conflitos. Ficaste só contra os fariseus que observavam se irias curar no sábado. Enfrentaste a polêmica. Ficaste fiel a ti e decidiste de acordo com o teu sentimento interior, como te mostrou a tua relação com o Pai.

Senhor Jesus Cristo, fortalece-me quando entro em conflitos. Ajuda-me para que, sabendo do teu apoio, eu possa ser verdadeiro e encontrar a coragem para decidir conforme o meu sentimento interior.

Quando estás comigo posso ser responsável por mim. Preciso sentir que me dás força, que me apoias. Ensina-me a ficar fiel a mim, assim como Tu, que, desse modo, ficaste livre das expectativas dos outros. Confere-me essa liberdade interior e a coragem que tanto admiro em ti. Creio que na força do teu Espírito sou capaz de liberdade e confiança semelhantes. Por isso agradeço-te, Senhor Jesus Cristo, meu irmão e meu Senhor.

Amém.

Um bom caminho para nós
Por uma amizade

Jesus Cristo, chamaste-nos de amigos.

Como Tu disseste, um amigo sabe o que afeta o outro. Ele participa da vida do outro. Ele lhe confia tudo.

Não só nos confiaste teus pensamentos íntimos, mas deste a tua vida por teus amigos.

Anseio por amizade. Mas quando sinto confiança e compreensão por alguém tenho medo de externá-lo. Tenho medo de ser rejeitado, que o outro não queira ser meu amigo. Assim, prefiro nada dizer e sofro em silêncio. Mas não sou feliz.

Dá-me coragem de ir ao encontro do outro como amigo, e quando estiver próximo falar-lhe da amizade.

Dá-me a coragem de que nossa amizade fará bem a ambos. Livra-me das dúvidas que corroem e que podem prejudicar a amizade.

Abençoa a nossa amizade, que ela seja um bom caminho para nós, bênção para nós e para os outros.

Amém.

Envia o teu Espírito de Amor
Por um relacionamento

Misericordioso e bom Deus, anseio por um relacionamento. Mas, ao mesmo tempo, eu me distancio. Assim que encontro uma mulher simpática e gostaria de abordá-la para um passeio, fico paralisado por dúvidas e cogitações. Talvez fosse apressado, ou, ainda, desagradável para ela. Tenho receio de não ser aceito ou de que o relacionamento se desfaça após algum tempo. Então a dor seria demais para mim. Prefiro viver só a sentir a dor da separação novamente. Mas sei que, assim, prejudico a mim mesmo.

Envia-me o teu Espírito Santo, o teu Espírito do amor, para que Ele me leve à fonte do amor que flui em meu interior. Essa fonte ninguém pode tirar-me, mesmo se o relacionamento se desfizer um dia.

Dá-me confiança para iniciar um relacionamento. Liberta-me de todas as expectativas exageradas em relação ao outro e de todas as imagens que eu tento projetar nele.

Abre nossos corações, um para o outro, para crescermos na confiança e no amor. E abençoa o nosso caminho para que ele nos conduza para o amor e a vida plena.

Amém.

Dá-nos o teu Espírito de clareza

Decisões no relacionamento

Misericordioso Deus, começamos tão bem nosso relacionamento – era o grande amor! Mas, com o passar do tempo, surgiu o desgaste emocional. Quase não nos comunicamos mais, e nenhum de nós tem coragem de tocar no assunto. Porém, quanto mais protelamos as decisões sobre a nossa vida em comum e de família, menos temos a nos dizer. Dizemos que seria bom voltar a nos amar como no início. No entanto, tudo continua indefinido.

Dá-me coragem para discutir a situação abertamente. Mostra-me as palavras que devo dizer, sem magoar o outro. Peço a tua ajuda para encontrar as palavras certas, que nos aproximem. Palavras construtivas que possam edificar uma casa em que gostaríamos de voltar a morar. E, principalmente, dá-nos o teu Espírito de clareza, de fidelidade, de evidência e de veracidade, para que possamos nos decidir novamente um pelo outro e retomar nosso caminho juntos.

Amém.

Faze com que nos escutemos mutuamente
Decisões no cotidiano familiar

Deus misericordioso, as decisões são parte do dia a dia familiar; decisões sobre se e quando devemos reformar a casa, quais os requerimentos a serem encaminhados às autoridades. Além das decisões sobre como aproveitar o tempo livre e as férias.

Percebo que não falamos abertamente sobre as nossas decisões. Às vezes, sinto-me só. Minha companheira diz: "Faça como quiser". Mas eu gostaria de trocar ideias com ela.

E minha parceira dá a entender que eu a deixo sozinha muitas vezes, e que eu lhe imponho decisões sem tê-las discutido antes.

Mostro-te nosso dia a dia com tudo que devemos decidir sempre. Abençoa as nossas decisões e mostra-nos o que devemos mudar ou esclarecer em nosso dia a dia, para que a convivência e as decisões diárias sejam mais fáceis. Às vezes ficamos inertes por receio de magoar o outro no processo decisório, porque não conseguimos nos desprender de determinadas ideias.

Dá-nos um coração atento para ouvir o outro e para ouvirmos a tua voz, que quer nos mostrar um bom caminho para seguirmos juntos.

Amém.

Ajuda-nos com a tua força maternal
Decisões em relação aos filhos

Santa Maria, como mãe, fizeste tuas experiências com o Filho, que tomou decisões diferentes das que imaginaste. Ficou em Jerusalém sem nada dizer a ti e a José, magoando-te.

Conheces as situações que vivemos como pais, quando não compreendemos os filhos, quando temos que tomar decisões e não sabemos se realmente são as melhores.

Às vezes podemos achar que limitamos demais. Mas sentimos a necessidade de colocar limites, bem como de nos decidirmos por uma linha clara na educação. Porém, temos dificuldade para manter as decisões. Muitas vezes as revogamos com facilidade, influenciados pelas queixas e argumentos dos filhos, quando eles nos dizem que somos antiquados e frustrados e que outros pais agem diferentemente em relação ao assunto.

Santa Maria, dá-nos teu espírito maternal que acolhe o filho e o incentiva através do desafio. Dá-nos a confiança de que a bênção divina está com nossos filhos e que um anjo os acompanha em seus caminhos, até mesmo em desvios e caminhos enganosos. Fica conosco e apoia-nos com tua força maternal, intercedendo por nós para decidirmos sempre bem em relação aos filhos.

Amém.

Para escutar o que queres de mim
Ao assumir uma função

Misericordioso e bom Deus, recebi uma proposta da empresa para assumir mais responsabilidade. Fui indicado como chefe pelos membros do grupo.

O partido insiste em que eu aceite a candidatura para as eleições. Por um lado, sinto-me honrado e, por outro, tenho receio de não corresponder à tarefa, de ficar inseguro e cometer enganos. Tenho receio de que eu venha a negligenciar a família devido ao trabalho. Sinto-me indeciso, não sei o que devo fazer.

Os outros insistem para que eu assuma a tarefa. Mas não sei como decidir. Preferiria viver mais tranquilamente, e meu ganho seria suficiente para a família. Porém, sinto o impulso para assumir responsabilidade, não somente pela empresa, mas pela sociedade também. Seria ambição? Seria orgulho? Onde fica a humildade?

Bom Deus, envia-me o teu Espírito de clareza para que, em todas as minhas considerações eu consiga perceber o que queres de mim.

Fala comigo e dá-me clareza e segurança para decidir-me sem recear a reação dos outros. Fica comigo para que a minha decisão se torne uma bênção para mim, para a minha família e para meu entorno social.

Amém.

Leva-nos a uma vida mais plena
Antes de mudança de domicílio

Misericordioso e bom Deus, meu marido recebeu uma proposta de sua empresa para assumir um posto mais alto, o que implica mudar para outra cidade.

Certamente seria bom para o meu marido. Mas receio sentir-me solitária na cidade nova. Tenho que deixar meu círculo de amizades daqui, onde me sinto tão bem. Receio também pelos nossos filhos. Eles precisam trocar de escola, perdem seus amigos, a turma dos esportes, o seu grupo religioso. Não sei se devemos infligir essa situação às crianças e peço teu Espírito para encontrarmos a coragem de discutir todas as questões envolvidas abertamente em família.

Faze com que nos escutemos mutuamente, bem como que estejamos atentos ao que o teu Espírito tem a nos dizer nessa conversa. E, depois, dá-nos coragem para tomar uma decisão que possa ser bênção para todos da família. Mostra-nos onde o desafio nos faz bem e onde ele nos exige demais.

Faze com que tomemos a decisão que nos leve a uma vida mais plena e a maior liberdade e amor.

Amém.

Torna-me bênção para mim e para os outros
Antes de decidir a área de estudos ou formação

Misericordioso e bom Deus, não sei qual o caminho que devo escolher em minha formação, não sei qual é a área certa para mim. Há tantas possibilidades, mas nenhuma delas dá-me a certeza de que serei feliz com ela, de que encontrarei um bom local de trabalho que me preencha.

Também não sei qual é o campo certo para mim e se conseguirei completar a formação. Mas sei que devo decidir-me. Sei, também, que não gostaria de interromper a formação depois de algum tempo, para escolher outra. Assim, peço-te, bom Deus, ajuda-me a decidir. Envia-me o teu Espírito Santo para que eu encontre a paz interior e a clareza sobre o que devo escolher. Dá-me, ainda, a confiança de que abençoas a minha formação, que ela favorecerá tanto meu crescimento interior quanto exterior, tornando-se bênção para mim e que, com essa formação, eu possa ser uma bênção para os outros.

Amém.

Um futuro bom para nós e a humanidade
Decisões num grupo

Senhor Jesus Cristo, Tu passaste pela experiência de como os teus discípulos discutiam quando tinham opiniões divergentes e não compreendiam mais a tua mensagem. Assim, conheces a situação no grupo. Todos têm boas intenções. Porém, no fundo da opinião de cada um estão também os interesses próprios. Eles podem até pensar que argumentam objetivamente, mas, com suas argumentações, também buscam interesses próprios. Muitas vezes, fico sob pressão para unir as diversas intenções e alcançar uma decisão clara.

Envia-nos o teu Espírito Santo, o teu espírito de conciliação, para não entrarmos em atrito, e para que resulte algo claro dessas discussões que seja aceitável para todos.

Dá-nos teu Espírito de liberdade para que nos tornemos livres de interesses próprios. Ajuda-nos a decidir de maneira a possibilitar um futuro bom para nós e para a humanidade.

Amém.

Buscando tua verdadeira vontade

Para decisões de caráter moral

Misericordioso e bom Deus, conheces os meus pensamentos e cogitações. Vês o meu coração e sabes o que com ele condiz. Sinto-me dividido. Conheço teus mandamentos, conheço as tuas regras que devo cumprir. Porém, sinto que decidir-me com base em afirmações externas não é suficiente. Sinto que os mandamentos não bastam para tomar uma decisão clara. Trata-se da tua verdadeira vontade e trata-se do que é harmônico para mim e para as pessoas que serão afetadas por minhas decisões.

Eu te apresento todas as minhas conjecturas, minhas dúvidas e meus sentimentos. Leva-me para as profundezas da minha alma, para que lá eu reconheça a tua vontade, agora, neste momento. Dá-me a confiança de decidir-me de modo que corresponda à tua vontade, mesmo que, com isso, eu esteja desconsiderando regras exteriores, mesmo que outros critiquem minha decisão por não corresponder às normas. Sinto que fico vulnerável quando decido de acordo com minha consciência. Assim, dá-me a coragem e a clareza para decidir-me da maneira que corresponda à voz do fundo de minha alma, à voz que está em harmonia com o meu ser mais íntimo.

Amém.

Mostra-me o caminho
Decisão fundamental em minha vida

Misericordioso Deus, estou diante da decisão entre seguir o caminho do matrimônio e da família ou o caminho do celibato como religioso, sacerdote, ou religiosa. Sinto em mim a inclinação para uma vida espiritual. Mas, muitas vezes, almejo o aconchego em família e o amor no relacionamento.

Quando imagino o caminho para a ordem religiosa, muitas vezes questiono se o desejo se originaria de ambição religiosa ou do teu chamado realmente. E ao imaginar que vou casar e exercer uma profissão humana, pergunto se seria uma forma de seguir o caminho mais fácil. Em ambos os caminhos surgem dúvidas. Não sei o que queres de mim. E não sei se posso confiar em meu sentimento interior, se falas em meus sentimentos realmente ou se estaria me iludindo. Assim, trago diante de ti os dois caminhos que o meu espírito apresenta. Entrego-os para o teu julgamento. Estou pronto para cumprir a tua vontade. Mostra-me na oração qual caminho devo seguir.

Dá-me o sentimento de que na hora certa saberei decidir e tomar coragem para ousar o salto para aquele caminho. Ao mesmo tempo, peço dar-me paciência se, mesmo com as orações e a meditação, não se delinear claramente um caminho. Faze agir em mim o teu Espírito Santo até que se forme uma decisão. E, então, dá-me a coragem de saltar e sob tua bênção seguir o caminho que me mostraste como sendo o mais condizente.

Amém.

Referências

GRÜNDEL, J. "Verbindlichkeit und Reichweite des Gewissenspriches" [Comprometimento e alcance da decisão de consciência]. In: GRÜNDEL, J. (org.). *Das Gewissen* – Subjektive Willkür oder oberste Norm? [A consciência – Arbitrariedade subjetiva ou norma mais elevada?] Düsseldorf, 1990, p. 99-126.

HALÍK, T. "Eine Macht über der March – Zu Guardinis Vision der Postmoderne" [Um poder sobre o poder – Sobre a visão pós-moderna de Guardini]. *Zur Diskussion*, 7/2010, p. 1-5.

HEINZMANN, R. "Der Mensch als Person – Zum Verständnis des Gewissens bei Thomas von Aquin" [O ser humano como pessoa – Sobre a compreensão da consciência em Tomás de Aquino]. In: GRÜNDEL, J. (org.). *Das Gewissen* – Subjektive Willkür oder oberste Norm? [A consciência – Arbitrariedade subjetiva ou norma mais elevada?]. Düsseldorf, 1990, p. 34-52.

JELLOUSCHEK, H. *Die Kunst, als Paar zu leben* [A arte de viver como um casal]. Stuttgart, 2005.

JONAS, H. *Das Prinzip Verantwortung* – Versuch einer Ethik für die technische Zivilisation [O princípio responsabilidade – Ensaio sobre uma ética para a civilização tecnológica]. Frankfurt am Main, 2003.

JUNG, C.G. *Mensch und Seele* [O homem e a alma]. Olten, 1971.

KIECHLE, S. *Sich entscheiden* [Decidir-se]. Würzburg, 2004.

MEIER, U. *Du bist die Entscheidung* – Schnell und entschlossen handeln [És a decisão – Agir rápida e decididamente]. Frankfurt am Main, 2008.

METZ, J.B. "Entscheidung" [Decisão]. In: FRIES, H.F. (org.). *Handbuch theologischer Grundbegriffe I* [Manual de Conceitos Teológicos Básicos I]. Munique, 1962, p. 281-288.

PIEPER, J. *Traktat über die Klügheit* [Tratado sobre a inteligência]. Munique, 1949.

POLLAK, K. *Für die Freude entscheiden* – Gebrauchsanweisung [Decidir-se pela alegria – Manual de instruções para uma vida feliz]. Munique, 2008.

RAHNER, K. "Tod" (Morte). In: RAHNER, K. & DARLAP, A. (orgs.). *Sacramentum Mundi* – Theologischer Lexikon für die Praxis IV [Sacramentum Mundi – Dicionário Teológico para a prática IV]. Friburgo im Breisgau, 1969, p. 920-927.

WALDMÜLLER, B. *Gemeinsam entsheiden* [Decidir em conjunto]. Würzburg, 2008.

WICKERT, U. *Das Buch der Tugenden* [O livro da virtude]. Hamburgo, 1995.

WIEDMANN, F. "Die Strategie des Gentleman – John Henry Newmans Gewissensposition [A estratégia do cavalheiro – A postura da consciência de John Henry Newman]. In: GRÜNDEL, J. (org.). *Das Gewissen* – Subjektive Willkür oder oberste Norm? [A consciência – Arbitrariedade subjetiva ou norma mais elevada?]. Düsseldorf, 1990, p. 71-84.

CULTURAL

Administração
Antropologia
Biografias
Comunicação
Dinâmicas e Jogos
Ecologia e Meio Ambiente
Educação e Pedagogia
Filosofia
História
Letras e Literatura
Obras de referência
Política
Psicologia
Saúde e Nutrição
Serviço Social e Trabalho
Sociologia

CATEQUÉTICO PASTORAL

Catequese
Geral
Crisma
Primeira Eucaristia

Pastoral
Geral
Sacramental
Familiar
Social
Ensino Religioso Escolar

TEOLÓGICO ESPIRITUAL

Biografias
Devocionários
Espiritualidade e Mística
Espiritualidade Mariana
Franciscanismo
Autoconhecimento
Liturgia
Obras de referência
Sagrada Escritura e Livros Apócrifos

Teologia
Bíblica
Histórica
Prática
Sistemática

REVISTAS

Concilium
Estudos Bíblicos
Grande Sinal
REB (Revista Eclesiástica Brasileira)
SEDOC (Serviço de Documentação)

VOZES NOBILIS

Uma linha editorial especial, com importantes autores, alto valor agregado e qualidade superior.

VOZES DE BOLSO

Obras clássicas de Ciências Humanas em formato de bolso.

PRODUTOS SAZONAIS

Folhinha do Sagrado Coração de Jesus
Calendário de Mesa do Sagrado Coração de Jesus
Agenda do Sagrado Coração de Jesus
Almanaque Santo Antônio
Agendinha
Diário Vozes
Meditações para o dia a dia
Guia Litúrgico

CADASTRE-SE
www.vozes.com.br

EDITORA VOZES LTDA.
Rua Frei Luís, 100 – Centro – Cep 25689-900 – Petrópolis, RJ
Tel.: (24) 2233-9000 – Fax: (24) 2231-4676 – E-mail: vendas@vozes.com.br

UNIDADES NO BRASIL: Belo Horizonte, MG – Brasília, DF – Campinas, SP – Cuiabá, MT
Curitiba, PR – Florianópolis, SC – Fortaleza, CE – Goiânia, GO – Juiz de Fora, MG
Manaus, AM – Petrópolis, RJ – Porto Alegre, RS – Recife, PE – Rio de Janeiro, RJ
Salvador, BA – São Paulo, SP